# LAS BUENAS MANERAS

JUAN NARBONA

# LAS BUENAS MANERAS

## El libro joven de la gente con educación

Tercera edición

EDICIONES RIALP
MADRID

© 2018 *by* JUAN NARBONA
© Ilustraciones realizadas por Juan Juvancic
© 2024 *by* EDICIONES RIALP, S.A.
  Manuel Uribe 13-15, 28033, Madrid
  (www.rialp.com)

Preimpresión: MT Color & Diseño, S. L.

ISBN (edición impresa): 978-84-321-6653-2
ISNI: 0000 0001 0725 313X
Depósito legal: M-200-2024
Impreso en Service Point S. A. (Madrid)

# Índice

*Cuida en ti tanto
lo exterior como lo interior,
porque todo es uno.*

Budha


*Solo las personas educadas
son libres.*

Epicteto

# Objeciones a las buenas maneras

1. **"Son únicamente convenciones sociales"**. Es verdad, muchas podrían ser diferentes. Pero son las que acepta y valora todo el mundo. Si las sigues, entenderás que tienen sentido.

2. **"No sirven para nada"**. No es cierto: te demostrarán cuánto vales, te atraerán la buena opinión de otros, y actuarás con más seguridad en tu vida diaria.

3. **"Yo debo ser yo mismo, ¡libre!"**. ¡Por supuesto! Pero "yo mismo" puede convertirse en un *homo australopithecus* o en una persona valiosa y elegante. Está en tu mano.

4. **"Déjame divertirme mientras sea joven"**. Divertirse y ser educado no son incompatibles. Ser joven es ser alguien creativo, original, inquieto... pero no estás obligado u obligada a actuar como un animal, aunque

muchos te quieran convencer de lo contrario.

5. **"Ok, pero son demasiadas reglas...".** De hecho, es casi imposible seguirlas todas. Que no te importe fallar. No te agobies: se aprenden poco a poco. Es como el futbolista que hace una genialidad con el balón: no sabe cómo lo ha hecho, simplemente le sale así porque se ha entrenado mucho.

6. **¿Y si soy la única persona que las sigue?**: ¿Qué prefieres ser: un león o el borrego de una manada? Lucha por lo primero, aunque no te sigan los demás.

# Introducción: para volar como las águilas

Aconsejaba un escritor: *No vueles como un ave de corral, cuando puedes volar como las águilas.*

Es decir, ¿quieres vivir como una gallina o como un águila? Como un águila, por supuesto: tú deseas volar alto, y por eso tienes que ser diferente. Miles de chicos y chicas trabajan duro, estudian idiomas, son divertidos, entienden de música... Pero no saben cómo comportarse en público. A veces, es este el detalle que marca la diferencia.

Las buenas maneras se viven desde hace siglos. Con ellas, en la época medieval uno se convertía en un "caballero" o en una "dama", alguien apreciado por su valor, nobleza, elegancia y buena educación (sí, sí, las "damas", además de bordar y tocar instrumentos, eran muy valientes: acuérdate de *Marian*, la novia de *Robin Hood*).

Al igual que esos caballeros con la lanza, la espada y el escudo defendían las causas justas, las buenas maneras te servirán para combatir terribles *dragones*: tu mal carácter, tu timidez o el miedo a hacer el ridículo, obstáculos que muchas veces nos frenan para soñar metas grandes.

Quien actúa con seguridad —porque sabe comer con educación, combinar la ropa con acierto, hablar en público sin temblar o enmendar una metedura de pata—, es capaz de derribar sus propios límites.

Las buenas maneras te ayudarán también a no dejarte llevar por tus emociones, a descubrir lo bueno que hay en los demás, y a vivir con más comodidad y elegancia.

"El libro no funcionará: los jóvenes son espontáneos y no aman las reglas", me han dicho muchas veces. Quien así habla, en el fondo, confía poco en vosotros. Os ven aún como los niños que erais y no como los hombres y mujeres que queréis ser.

Es verdad que aún te conoces poco y muchas veces puedes actuar erróneamente, ¡pero basta que tengas un fuerte deseo por ser mejor!

Por cierto, si lees los consejos de corrido, te recordarán a los discursos de tu madre: "¡No hagas eso! ¡No te sientes así! ¡No comas con las manos! ¡No llegues tarde!"... Bueno, tu madre tiene razón, pero como te quiere tanto no te pasa ni una. Con su permiso, te diré otro "no": no te agobies. Aunque al principio las buenas maneras parezcan una pesadez, en el fondo están para hacernos más libres.

Verás que muchas reglas tienen que ver con el propio control (de las emociones, de los impulsos, de la tecnología, de las necesidades físicas...). Se trata de aprender a *controlar* nuestra vida y a no ser controlados.

¿Has volado alguna vez una cometa de dos cuerdas? Si lo has hecho, recordarás la increíble sensación de controlar un objeto que se encuentra a 50 metros sostenido por el viento: un ligero movimiento de nuestra mano basta para hacerla piruetear a izquierda o derecha. Si logras tomar el control de ti mismo con las buenas maneras, y hacer que tu cuerpo y tu voluntad quieran lo que es bueno, tu vida será una hermosísima pirueta.

Así que aprende estas reglas, pero con tranquilidad: a veces podrás saltártelas sin ningún problema. ¡Tampoco hace falta que te conviertas en un *talibán* de la buena educación, exigiendo a los demás normas que seguramente desconocen! El ejemplo que tú les des y un poco de paciencia serán suficientes. Cuento con tu sentido común.

Si empiezas a vivir las más importantes, adquirirás las demás de modo natural; en poco tiempo, estarás orgulloso u orgullosa de tu vida y te verás mejor: la elegancia —sobre todo, la interior— *engancha*.

Sin darte cuenta, transmitirás con tu personalidad una especie de "lenguaje secreto" que sabrá descifrar y atraerá a quien de verdad lo merece.

*Juan Narbona*

# DAMAS Y CABALLEROS...

Lo confieso, tengo mis héroes de la elegancia. Entre los hombres, *James Bond* —el agente secreto de Su Majestad la Reina de Inglaterra—, que no pierde la compostura ni aunque lo bombardeen y ametrallen durante dos horas de película.

Y entre las mujeres, no hay otra como la actriz *Audrey Hepburn*, siempre tranquila, alegre y elegante. Vale, lo sé, sus películas tienen más años que la vecina del quinto, pero busca algunas escenas en YouTube y comprabarás que el estilo no pasa de moda: es eterno.

Introduzco a estos dos personajes para que veas que hay algunas reglas de educación —pocas— que van especialmente dirigidas a chicos y otras a chicas. Porque las buenas maneras, entre otras cosas, hacen más *hombre* al hombre y más *mujer* a la mujer. La gran mayoría de reglas son comunes, pero algunas son específicas de uno u otro sexo.

Por eso, para que cada uno ponga más atención en "su" área, cuando alguna sugerencia afecte especialmente a los chicos, pondré al lado el dibujo del caballero con sombrero de copa, bigote y anteojos (sí, es *James Bond* de incógnito).

Cuando sea una indicación para las chicas, irá acompañada del dibujo de la mujer con sombrero y gafas (la elegantísima *Audrey*, por supuesto).

Al mismo tiempo, aunque la buena educación se lleva sobre todo dentro, se practica en situaciones muy diversas. Por tanto, he dividido el libro en capítulos que corresponden a un lugar o contexto concreto: la relación con los demás, el aseo, las chicas o los chicos, la playa, el cine...

Por otro lado, para evitar llenarte la cabeza con demasiadas indicaciones, he distinguido tres niveles:

**Nivel básico.** Reglas que no puedes desconocer. Los orcos, por ejemplo, las desconocen y así les va.

**Nivel medio.** Sugerencias para dar una buena impresión. Te situarán por encima de la media, que ya es bastante.

**Nivel superior.** *James Bond* y *Audrey Hepburn* se encuentran en esta categoría. ¡Para gente con ganas de comerse el mundo!

\* \* \*

Ojalá que este libro te ayude a descubrir el espíritu grande que tienes dentro, y cómo puede crecer al ponerlo en relación con los demás.

# No solo para jóvenes

Unas pocas líneas dirigidas a quienes viven a diario con jóvenes (padres, parientes, profesores, etcétera):

Este manual pretende transmitir unos consejos prácticos y claros para ayudar a chicos y chicas a incorporar a sus vidas diarias las normas básicas de la cortesía.

A los adultos, los años vividos les permiten saber cuántas puertas y cuántos corazones abren las buenas maneras. Aunque no sea un título que se pueda añadir al currículum, conocen por experiencia propia que la buena educación está directamente relacionada con la felicidad.

Vivir las buenas maneras dará a los jóvenes mayor seguridad en su día a día y, sobre todo, los hará estar orgullosos de sí mismos. Podrán percibir que hay en ellos un hombre o una mujer capaces de dominarse y hacer cosas grandes.

Será necesario ayudarlos con el ejemplo y sugerirles que no se desanimen ni pierdan la paciencia, pues no es sencillo aprenderlo todo en poco tiempo.

Se atribuye esta frase a Confucio: "Me lo contaron y lo olvidé; lo vi y lo entendí; lo hice y lo aprendí". Los jóvenes lectores aprenderán las buenas maneras practicándolas; pero solo las practicarán si las ven en quienes los rodean.

Ese será el único modo de que lo que aquí se cuenta no caiga en el olvido.

# Trato con los demás

*En el día a día*

 "Gracias": una palabra que marca la diferencia. Agradecer los pequeños servicios que nos prestan a lo largo del día es un signo de grandeza. Por eso, da las gracias al chico del McDonald's que te sirve el menú, a la vecina de casa que te espera para coger el ascensor, a tu madre que te prepara un bocadillo, al amigo que te sustituye como portero en el fútbol, a la amiga que te deja los apuntes, a quien te cobra en el supermercado…

"Perdona" y "por favor": otras palabras mágicas que, en ocasiones, tendrás más efecto que los más potentes conjuros de *Harry Potter*.

 Estirarse es muy sano cuando uno se levanta de la cama, pero evita hacerlo delante de los demás y mucho menos en la mesa. Los hay que parecen el mismísimo *Spiderman* lanzando telas de araña entre los rascacielos de Manhattan…

 Estornudar o bostezar son dos reacciones naturales incontrolables. Sin embargo, es educado *minimizar* los daños. Si debes estornudar, hazlo con moderación y sin lanzar gritos de guerra: ¡la humanidad ha sufrido ya demasiadas bombas atómicas! Si llevas un pañuelo (toma nota: *llevar pañuelo*), estornuda en él.

 Bostezar es un derecho de todo estudiante. Pero se puede bostezar con elegancia: poniéndose una mano delante de la boca para no exponer al público nuestras más que respetables amígdalas.

 Si el ataque es inmediato y sin preaviso, tápate la boca y estornuda sin lanzar un grito

al estilo de *Tarzán de los monos*. Si estornudaste en las manos, límpiatelas con un pañuelo (subraya: *llevar pañuelo*) y lávatelas en cuanto sea posible. No basta restregárselas por los pantalones o el jersey: quien está contigo, lo agradecerá.

 Jamás de los jamases mires el pañuelo tras haberte sonado la nariz. ¿Qué esperas encontrar? ¿Petróleo?

 Aspirar los mocos con la nariz es extremadamente desagradable para los demás. Además, por culpa de la gravedad de la Tierra, la operación tiende a repetirse cada 40 o 45 segundos. Si no tienes un pañuelo, pídelo o busca un cuarto de baño y soluciona tus problemas.

 Las demostraciones públicas de *producciones internas* (p.ej. ventosidades, eructos, escupitajos...) hay que evitarlas completamente.  Aunque a alguno le hagan gracia, en el fondo se desprecia a quien las produce. Entre quien lo hace y los animales del zoo la única diferencia es la jaula. Por respeto hacia tu persona, no lo hagas en presencia de otros.

Si los *ruidos* mencionados ocurren de manera inevitable, lo mejor es continuar imperturbables sin referirse al accidente, o pedir perdón sin darle más importancia.

 Si en un ambiente muy formal nos sobreviene un picor incontenible, hay que aguantar estoicamente. Si no somos capaces, podemos pedir que nos excusen un momento y, ya a solas, seremos libres de rascarnos con más tranquilidad que *Chita*, la mona de *Tarzán*.

 Ante un ataque de hipo, no merece la pena aguantar: es mejor ausentarse un momento y quitárnoslo con el método que funcione en nuestro caso (cada uno tiene el suyo: aguantar la respiración, beber agua boca abajo sin respirar, taparse la nariz y tragar saliva o asustarte viendo fotos de tus padres cuando eran jóvenes).

 Comerse las uñas o hacer crujir las manos (o los huesos de la espalda) no son gestos muy elegantes. Además, a la larga te crearán problemas estéticos o de dolor de huesos. Intenta que no se conviertan en una costumbre, por tu bien, y porque el sonido de tus huesos crujientes no es muy agradable para los demás.

Si a una mujer mayor o a un anciano se le cae algo al suelo, puedes adelantarte a recogerlo (y *entregárselo*, obviamente). Con las señoras, por elegancia; con los ancianos, porque les cuesta bastante agacharse.

 A no ser que seas agente del Grupo Especial de Operaciones de la Policía Nacional —cosa que dudo—, siempre hay que llamar a una puerta cerrada o semicerrada antes de entrar en una habitación (y no abrirla a patadas, como hacen los policías). También en tu casa. Por supuesto, hay que esperar unos segundos la respuesta de quien pueda haber dentro.

 Abrir y cerrar una puerta es fácil, pero hacerlo de manera elegante tiene su truquillo: baja la manilla hasta el final, empuja la puerta, cierra la puerta sin derribar el edificio y, sin soltar la manilla, acompáñala hasta que suba del todo; finalmente, suelta la puerta. Cuatro sencillos pasos: manilla abajo, empujar puerta, manilla arriba, soltar. ¡Parece fácil, pero verás qué poca gente lo hace!

 En ascensor, autobús o metro, deja salir antes de entrar, aunque se te cuele alguien:

siempre es mejor ir de pie con dignidad que pelear como zombis enloquecidos por el último asiento del autobús.

 En casa ajena, recuerda algunas reglas fundamentales: no deambules por las habitaciones, no abras el frigorífico en búsqueda de algo que roer, deja el baño limpio y entretente lo menos posible... También hay que estar atento para saber cuándo es mejor irse (a veces, los padres de tus amigos lanzan indirectas, como hablar de las cosas que deberán hacer al día siguiente, preguntarte si no es un poco tarde o empezar a golpearte con la escoba: son sugerencias que hay que pillar al vuelo).

 Lamentarse por el inicio de las clases o del trabajo tras las vacaciones es demasiado banal. ¡Algunos se quejan tanto que parece que están aguardando el traslado al campo de concentración de Auschwitz! Menos lobos... Los tristes entristecen el ambiente.

 Si te fue bien un examen, admítelo. Las lágrimas de cocodrilo de quien luego obtiene una buena nota son, ante los demás, una burla.

 Si alguien se pone en una situación ridícula (p.ej. lleva la cremallera del pantalón abierta, una raja en la parte trasera, restos de excrementos de pájaro en el pelo...) intenta decírselo aparte o con signos. No lo hagas notar delante de todos.

 Si las buenas maneras son importantes con los desconocidos, lo son aún más con los conocidos. Si solo "cuidamos las formas" ante quien no conocemos, la buena educación es solo una careta que antes o después caerá revelando al "monstruo" hipócrita que hay detrás. Por eso, en primer lugar intenta vivir educadamente con la propia familia: jamás grites a tus padres (se puede decir que no se está de acuerdo en algo, y dialogar, pero nunca ofender, ridiculizar o "pasar" de una orden, especialmente ante otras personas: si es necesario discutir sobre algo, se hace luego, en privado); no dañes a los propios hermanos (criticándolos ante nuestros amigos, fastidiándolos por el puro gusto de hacerlo, etcétera).

 El caballero o la dama educados no encuentran humillación en el servicio, especialmente el que exige esfuerzo, por ejemplo: rellenar una jarra de agua durante la comida, bajar la basura, tener la habitación ordenada, sacar adelante nuestras propias responsabilidades (hacerse la cama, recoger lo que hemos *sembrado* por la casa, descargar de trabajo doméstico a nuestros padres, respetar el horario familiar, hablar, sacrificar algún plan personal para cuidar de hermanos pequeños, preguntar si podemos ayudar en algo, etcétera). Los niños pequeños solo *ven* sus propias necesidades y algunos adolescentes aún lo son (p.e; quien se encierra en su cuarto al llegar a casa, sale para ir no se sabe dónde y no quiere saber nada del mundo exterior. Es un *egoísta copernicano*: ¡todo el Sistema Solar gira en torno a su ombligo!). Quien crece y madura es porque empieza a darse cuenta de las necesidades de los demás. O somos educados en casa, o la buena educación será una careta falsa y una burla hacia los nuestros.

*Diálogos*

 No estás obligado a que todos y todas te caigan bien, pero si desprecias a alguien —por su ropa, su acento, su color, su carácter, sus ideas...— deben encenderse tus señales de alerta: luces rojas, sirenas ululantes y campanas

de emergencia. ¡Te estás convirtiendo en un/
una imbécil! Quien piensa que es mejor que
los demás, aunque lo esconda, antes o después queda en evidencia. Convéncete: todos
tienen algo bueno.

 Es mejor evitar las preguntas indiscretas, pero
si necesitas hacer una, introdúcela con una frase
delicada (por ejemplo: "Perdona que te pregun-
te esto, pero quizá puedas decirme...").

 Es maleducado hablar en la oreja a alguien
delante de otros. Resulta incómodo para todos,
porque cada uno piensa que te estás riendo de
él o ella, aunque no sea así. ¡Te ganarías muchos enemigos! Los secretos, dilos en privado.

 Si en una conversación dices sin querer
algo que puede ser ofensivo, no trates de re-
mediar el error pidiendo perdón o justificán-
dote por lo dicho (p.ej. haces una broma sobre
los vegetarianos y luego recuerdas que la madre de tu amiga es vegetariana, ¡glup!). No lo
arregles lanzándote a un monólogo sobre las
bondades de la lechuga, el tomate y la zana-
horia: seguramente empeorarías el daño. Con-
tinua la conversación como si nada hubiera

ocurrido. Obviamente, si la otra persona muestra que se ha ofendido, pide perdón (y si está muy *muy* enfadada... ¡sal corriendo!).

 Si alguien te recrimina algo que has hecho mal (un empujón, un retraso, una distracción mientras conduces), agradece su advertencia con una sonrisa. Es difícil, porque a todos nos duele ser corregidos, pero es señal de gran educación. Ahora bien, si te corrigen de manera exagerada, con insultos o amenazas, señálalo (p.ej. El otro: "¡Mira por donde vas, estúpido!"; Tú: "Lo siento, me distraje; pero no creo que sea motivo suficiente para insultarme"). Si te siguen insultando, ignóralos: lo que tenías que decir, lo dijiste, y ellos se están retratando.

 La mala educación es muy muy muy contagiosa. Por eso, evita ponerte en *situaciones de riesgo*: ver *programas basura*, leer revistas del corazón baratas (no de precio, sino de contenido), frecuentar personas groseras, etcétera. El propio lenguaje y el modo de tratar a los demás se *estropea* en estos ambientes.

 Aunque sea un recurso fácil, intenta no hacer cumplidos a una persona criticando a otra

(p.ej. "Qué bien conduces, mucho mejor que tu hermano, ese sí que es un patán...").

 Nos equivocamos si incluímos una crítica cuando nuestra intención era alabar (p.ej. "Me alegro por tus notas en clase, ¡ya era hora de que te pusieras a estudiar en serio...!"). También hay que tener cuidado para no dejar caer en nuestras felicitaciones un tono amargo o envidioso (p.ej. "Qué pantalones más chulos, *Audrey*. Claro, como tú puedes permitirte ropa cara...").

 Aunque a veces no apetece hablar, no es la mejor opción responder con monosílabos. Si la otra persona está intentando mantener una conversación y tienes prisa, díselo. Si no te apetece hablar de algo, saca otro tema o responde brevemente. A veces, nuestra pereza por responder puede preocupar a otras personas (especialmente, nuestros padres): ¿tendrá problemas? ¿estará triste? ¿se ha enfadado con nosotros? ¿estará enferma? (cuando, simplemente, lo que ocurre es que *pasas* de hablar porque tienes otras cosas, o absolutamente nada, en la cabeza).

¿Quieres de verdad ser diferente y elevarte en estilo un palmo por encima de la media? Pues entonces evita en tus conversaciones los tacos y las bromas de fondo sexual. Lo sé, es difícil, pero esto te hará casi único o única y te dará un estilo que los demás apreciarán con el paso del tiempo.

 Si una conversación con los amigos sobre las chicas (o los chicos) o sobre el sexo comienza a ser más propia de animales (normalmente se percibe porque se llena el discurso de risas y tacos), es elegante cambiar de tema o bien marcharse. Las cosas hermosas hay que tratarlas con delicadeza. Las *muy* hermosas, con *mucha* delicadeza.

 Evita los tacos, aunque casi resulten inevitables. El secreto está en usarlos el mínimo posible: de esa forma, conservan su fuerza. Quien usa los tacos en todo y para todo, acaba siendo incapaz de mostrar su enfado, disgusto o desprecio. En cambio, si no los decimos nunca, cuando sea necesario usarlos, ¡caerán como una bomba! No hay nadie más ridículo que el que se siente maduro diciendo palabrotas. Resérvalas para los momentos *fuertes*, que serán pocos.

No interrumpas a una persona cuando habla. Dicen que tenemos una boca y dos oídos para escuchar más que hablar. Quien sabe hacerlo, cae siempre bien.

 "Pues yo...", "A mí una vez...", "Yo soy una que...". Las personas que siempre redirigen a sí mismas la conversación caen mal. Su ombligo es el centro del Universo. Por ejemplo, *a mí me* ocurre con frecuencia... ¡ups!

 Cuando hables con alguien cara a cara, procura mirarlo a los ojos. Es un signo de que confías en ti y de que dedicas toda tu atención al otro.

 Si tienes que hablar tú o contar algo a alguien, no te lances a un monólogo sin fin. Cada cierto tiempo, puedes preguntar a la otra persona: "Oye, y tú, ¿qué piensas?". ¡Quienes hablan siempre y de cualquier tema cansan hasta a los sordos!

 Caza y captura en tu vocabulario las expresiones del tipo: *tío, tía, ¿no?, ¿vale?, joé...* Son las muletillas, expresiones que no añaden nada pero son muy pegadizas, y que revelan un cerebro perezoso.

En las conversaciones, intenta mantener una distancia de, al menos, 50 centímetros de la cara del otro o la otra, para no molestarle con el aliento ni invadir su espacio de intimidad (no hace falta medirlo con una regla, calcúlalo a ojo). Si fumas —allá tú—, tenlo especialmente en cuenta.

 Si estás de charla con los amigos y amigas en un lugar con más gente —como un autobús o un bar—, presta atención de vez en cuando a que vuestro tono de voz no suba demasiado: a veces parece que se han reunido los tarzanes de varias selvas para comentar sus cacerías más recientes. No se trata de hablar en susurros (a no ser que seáis todos un grupo de espías y estéis compartiendo información *top secret*), pero ten en cuenta que si hablas muy fuerte puedes molestar a los demás. Las chicas, por su tono de voz más elevado, tienen que estar especialmente atentas.

 El mal aliento es una de las experiencias más desagradables cuando se mantiene una conversación. ¿Sabías que en la antigüedad el rey de Persia ordenó a todos sus súbditos que ante él debían hablar poniéndose la mano delante de la boca? Era tal la peste que quería ahorrarse esa desagradable experiencia. Tú, que no eres el rey de Persia (si lo eres, es un honor que estés leyendo mi libro), intenta cepillarte los dientes tras cada comida; si no es posible, evita algunos productos (p.ej. cebolla, pescado, ajo…) o lleva en tu bolsillo chicles de menta. Lo peor es que quien tiene mal aliento no suele darse cuenta y además le gusta hablar en las narices de los demás. Si no logras corregir tu halitosis (así se llama el mal aliento continuo), ve al médico, pues a veces se trata de una enfermedad (¡Difícilmente encontrarás novio/a si no lo combates!).

 No toques continuamente el brazo de la persona con la que hablas: tu compañero no va a desaparecer si le sueltas (bueno, a no ser que estés de cháchara con *Harry Potter* o *Frodo*, capaces de desaparecer con una capa mágica o un anillo).

 Dirígete a la gente mayor que no conozcas llamándolos de "usted". Si dudas en usar el "usted" o el "tú", te aconsejo que empieces con el "usted". Les daremos el "tú" solo si nos lo piden (¡y, para entonces, ya habremos ofrecido una estupenda impresión!).

Intenta usar el "usted" también con las personas desconocidas (el conductor de autobús, el dependiente de El Corte Inglés...) y con las que tengan cierta autoridad (ancianos, profesores con los que no tengas confianza —sí, aunque no lo creas, incluso los profesores de tu instituto merecen cierto respeto—, sacerdotes, policías, médicos...). Hacerlo es difícil si no tienes la costumbre, ¡por eso es mejor que lo intentes cuanto antes!

 Criticar a alguien cuando no está presente es, desgraciadamente, una práctica muy difundida. Un caballero o una dama jamás lo harían, es de cobardes y, en el fondo, demuestra una gran inseguridad (hundir el honor de otra persona nos hace sentirnos superiores).

 "Ey, *bro*, me gustan tus *jeans*, son muy *cool*"... Usar excesivas palabras o expresiones en otros idiomas es un poco ridículo. Evítalas en la medida de lo posible.

 No apuntes a nadie con el dedo, especialmente si le estás recriminando algo. Es violento y parece que estás manejando una pistola...

## Saludar

 Entre jóvenes que no se conocen, basta decir el propio nombre para presentarse (a no ser que seas *Bond... James Bond*). Si nos presentan a un adulto podemos decir nuestro nombre y el apellido, por si conoce a alguien de nuestra familia (es algo que le gusta a la gente mayor).

 Cuando presentas a dos personas que no se conocen entre sí, la joven se introduce a la más mayor y el chico a la chica. Es útil que des algún dato que pueda facilitar la conversación. Por ejemplo: "*Matusalén*, le presento a *Audrey*. *Audrey* es una actriz maravillosa...".

 Dar la mano en una presentación es todo un arte. ¿Sabes que lo iniciaron los espadachines? Cuando ofrecían su mano derecha, el otro podía estar seguro de que no iba a desenfundar la espada o el cuchillo para matarlo a traición. Era un gesto de nobleza y paz. Por tanto, responde siempre a quien te ofrece la mano, especialmente si llevas una espada. Negar la mano es de bellacos.

La unión de las manos debe ser estrecha y firme. Mientras la realizas, sonríe y mira a los ojos a la otra persona. Puede aprovecharse ese momento para decir el propio nombre. Al dar la mano, recuerda: ni un flan, ni *supermán*. Es decir, no des tu mano blanda (es muy desagradable apretar una mano flácida), ni aprietes hasta destrozarle los dedos a quien saludas (especialmente si es una mujer o alguien mayor).

 El apretón de manos debe durar lo justo: ni separarse enseguida como si el interlocutor fuera un leproso, ni agarrarlo como si fuera a escapar. Bastan dos o tres segundos: pueden soltarse cuando los dos han dicho el propio nombre.

 No des la mano sudada ni te la limpies en el pantalón antes de darla. Si tienes las manos sucias u ocupadas en algo, excúsate (p.ej. "perdona que no te salude, pero he estado pintando la valla del jardín").

 Si llevas guantes, quítatelos antes de dar la mano. Si te ofrecen la mano con el guante puesto, no te lo quites para no dejar en evidencia a quien te saluda. Si eres *Darth Vader*, tampoco.

Si hablas con alguien a quien conoces, pero en la conversación intuyes que él o ella no recuerda quién eres tú, intenta darle pistas que le permitan recordarte: lugar donde os encontrasteis, amigos comunes, etcétera. Si eres tú el que olvidó el nombre del otro o el motivo por el que os conocéis, pregúntalo con naturalidad: (p.ej. "Perdona, por supuesto que me acuerdo de ti, pero no logro recordar tu nombre").

 Si saludamos con un par de besos, no hay que dejar húmeda la cara de nuestro interlocutor, como si fuéramos un pulpo o el baboso monstruo de la película *Alien*.

 Aunque cada vez sea menos frecuente, cuando llamas a un teléfono común (es decir, no a un móvil personal) o a un número de alguien que no nos conoce, preséntate primero y luego di el motivo de la llamada: "Buenos días, soy *Audrey*. Sí, *Audrey Hepburn* en persona. Querría hablar con...".

 Cuando entres en un ambiente cerrado con pocas personas (p.ej. una sala de espera o una tienda...), es de buena educación saludar con un "buenos días" dicho en tono normal y dirigido a nadie en particular.

 Sonríe siempre cuando te presentan a alguien: aunque haya perdido tu equipo de fútbol, aunque te duelan las muelas, aunque se te haya roto la pantalla del *iPhone*... sonríe.

 También despedirse es un arte. Procura que tus despedidas sean breves. Hay personas que alargan su marcha como si el fin del mundo fuera a producirse mañana. ¡Basta despedirse una vez!

*Citas*

 Ser puntuales es una de las características que mejor definen al hombre y a la mujer educados. ¿El secreto para lograrlo? Planificarse el horario para llegar siempre con 5 o 10 minutos de adelanto. Si eres puntual, serás una persona que domina su vida y no alguien esclavizado por su reloj.

 Si, por algún motivo, llegas tarde, llama a la persona que te espera o envíale un mensaje para señalar que llegas poco, algo o muy tarde.

Es importante ser honestos con el tiempo: si dices "Estoy llegando" cuando en realidad te falta media hora, es una falta de respeto. Es incómodo decir la verdad, pero siempre es mejor ser valientes una vez que empeorar nuestra impuntualidad con una mentira. Si decimos en nuestro mensaje: "Perdóname, pero me he distraído y todavía tardaré 40 minutos porque tengo que esperar al tren; lo siento, de verdad", la otra persona se puede organizar la espera. Esto es especialmente importante si te están esperando en casa (p.ej. si vienes de una fiesta). En esos momentos, la cantidad de desgracias que pasan por la cabeza de tu madre es proporcional al número de minutos que pasan (*5 min: se ha distraído; 10 min: ha perdido el autobús; 20 min: se ha metido en una pelea; 30 min: están borrachos en un parque; 45 min: le han secuestrado y están decidiendo la cantidad del rescate; 60 min: ¡que alguien llame a la Policía!...*). Con un SMS o una llamada todos esos "fantasmas" desaparecen: también hay que ser educados con los propios padres (¡sobre todo, con ellos!). En resumen: intenta ser siempre puntual, advierte si llegas tarde y pide excusas cuando llegues a la cita.

*Tabaco*

 Ya sabes cuánto daño hace a la salud, pero si aun así decides fumar, es educado que preguntes antes a los demás si les molesta que tú lo hagas (especialmente si, por ejemplo, hay niños delante).

 Si vas en el coche de alguien y el cenicero no está usado, no es necesario ni que preguntes. Si te pones nervioso, pregunta si en algún momento se puede parar para fumar.

 Es mejor que no salgas a fumar durante las comidas en un restaurante, a no ser que duren mucho tiempo. Hazlo solo tras el postre.

 Excepto en los interrogatorios policiales de las películas, es feo echar el humo en la cara de los demás.

 Pedir un cigarro a los amigos no es malo. Hacerlo con mucha frecuencia es un buen método... para perder las amistades.

# POSTURAS

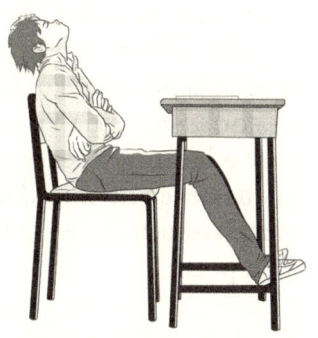

 ¿Recuerdas al *jorobado de Notre Dame*? Es el protagonista de un libro: se trataba de un hombre deforme que vivía escondido en las torres de la Catedral de París. Su espalda estaba tan curvada que prácticamente solo se veía los pies y tenía una joroba como la de un camello. Bueno, pues que no te ocurra lo mismo: tanto para comer como para estudiar, presta atención a tu espalda. Procura que la parte baja toque el respaldo de la silla. Si necesitas acercarte al libro para ver, ve al oculista;

si necesitas acercarte al plato para comer, aprende a usar los cubiertos.

 Para caminar de modo elegante, imagina
que te tiran del cuello ligeramente con una
cuerda. No camines mirándote los zapatos (de
forma encorvada), ni levantando la nariz (da-
rías imagen de superioridad. Por eso los mili-
tares llevan gorras con una visera enorme:
para obligarse a levantar la cabeza mucho y
lograr ver lo que tienen delante. ¡De ese modo
imponen mucho respeto! Si eres militar, ok; si
no, relájate un poco).

 Cuando estés sentado o sentada en una reu-
nión muy formal (p.ej. en una iglesia), no debes cruzar las piernas. En contextos formales
(p.ej. una conferencia), se pueden cruzar sin
mostrar la suela del zapato.

 En casa ajena, intenta cuidar la postura. Se
trata de que estés en posición cómoda, no que
pases de estado sólido a líquido. P.ej. en el
sofá, viendo la TV, no te contorsiones como
un pulpo; tampoco pongas los pies sobre una
mesa ni te sientes en el brazo de un sillón...
Siéntate, y ya.

 En fotografías formales (p.ej. bodas), es más elegante que no cruces los brazos. Las chicas pueden agarrar el bolso con ambas manos y así no queda colgando.

En una situación muy formal (p.ej. ceremonia religiosa, discurso...) no es correcto tener las manos en los bolsillos, a no ser que seas agente secreto y estés apuntando a alguien con una pistola escondida bajo el abrigo (*James Bond* lo haría).

# COMIDAS

## *En la mesa*

La comida es uno de los escenarios donde más se muestra la buena o mala educación. Si no, basta que veas comer a tu perro. Evidentemente, las normas varían si comemos en casa propia o en una cena de gala, pero te aconsejo que las sugerencias más importantes las sigas también en tu casa, e incluso cuando comas sin compañía, y así acabarán siendo algo natural.

 Acostúmbrate a comer con la parte media de la espalda tocando el respaldo de la silla. Al inicio, si no tienes costumbre, es incómodo, pero acaba siendo fácil. Sentarse bien asegura que no te abalanzarás sobre el plato como un orco famélico.

 Las boas gigantes pueden dormir durante más de dos días tras haber comido un gran animal. Se recuestan y adormecen. Tú, a no ser que seas una boa gigante, no necesitas deslizarte. Es decir, no te recuestes en la silla al haber terminado de comer. Intenta mantenerte cómodamente con la espalda ligeramente erguida. Si estás cansado, pasa al sofá cuando hayas acabado.

 Durante la comida, las manos deben estar siempre a la vista o sobre el regazo.

 Cuando te sientes en la mesa, y antes de que sirvan la comida, despliega la servilleta y póntela sobre las piernas.

 Hay algunas actividades que es mejor evitar en la mesa: tocarse el pelo (también la nariz y las orejas), hablar por teléfono o responder al *Whatsapp* (si otra persona lo hace, mírale fijamente hasta que termine... ¡verás cuánto fastidia!), gritar para que te oigan al otro lado de la mesa, o cantar tu canción preferida (especialmente, si cantas mal).

Si el teléfono puede distraerte (porque la conversación en la mesa es aburrida, o porque te llegan mensajes), siléncialo. En cualquier caso, nunca lo pongas junto a tu plato o la comida (no es agradable: lo hemos restregado contra nuestra oreja, lo hemos manoseado...). Sé que a veces estás esperando ese mensaje *Whatsapp* que cambiará el curso de tu vida y el destino de la humanidad... pero se come con mucha más calma si no estamos pendientes y con ansia del mensaje "Fulanita está escribiendo...".

Si uno de los comensales estornuda repentina y violentamente, prosigue la conversación sin inmutarte. No hace falta decir: "Jesús", ni "¡Salud!", ni "¡Nos bombardean!".

Si estás comiendo y te sobreviene un ataque de estornudos o toses, intenta aliviar el efecto con el pañuelo o, si no tienes, con la servilleta. Si no se detiene, pide perdón con un gesto de la mano y sal fuera a estornudar tranquilamente. Al regresar, puedes continuar como si nada hubiera ocurrido.

 Es muy educado no empezar a comer hasta que el resto de comensales estén servidos. Si el plato es algo caliente que se enfría rápidamente (p.ej. pasta), podemos comenzar. Si la mesa es muy numerosa, basta esperar a que se hayan servido quienes están a nuestro alrededor.

 *Tarzán* no estaría de acuerdo, y sus monos mucho menos, pero en general no está bien visto morder directamente las rebanadas del pan (se corta trozo a trozo con las manos, conforme vamos necesitándolos).

 Venga, hombre, saliste de la guardería hace ya unos años... ¡No hagas bolitas con las migas de pan!

 La conversación en una cena formal no debe abordar los siguientes temas: comida (para evitar comparaciones), política (para eludir polémicas), religión (porque no es el mejor

lugar para hacerlo) y astronomía metafísico-cuántica (porque, seguramente, no tienes ni idea de qué se trata).

 En una cena de varias personas, hablar únicamente con quien nos interesa o nos cae bien, olvidándonos de los demás, es de mala educación. Es necesario estar dispuestos a hablar con cualquiera, sin cambiarse de sitio para estar con quien nos cae bien (obviamente, todos quieren sentarse junto a *Audrey*). Un caballero o una dama educados muestran desde el inicio estar a gusto con quien les toca alrededor (¡aunque sean unos pesados!).

 Mientras traen la comida a la mesa, es bueno contenerse y no comer pan o beber mucha agua. Es una demostración de dominio de sí (normalmente, antes de comer todos están hambrientos; pero recuerda que solo los animales no saben contener el hambre).

 No es elegante usar los palillos de dientes en público (antes lo era, pero los tiempos han cambiado). Si los restos de comida nos molestan, podemos ir al baño y solucionar el problema en privado.

Si la distancia para alcanzar algo en la mesa es grande, conviene evitar contorsiones de circo, que además de ser molestas para quien come a nuestro lado pueden provocar caídas de vasos o botellas. Basta pedir con sencillez a quien tengamos al lado que nos pase por favor lo que deseamos (la coletilla *por favor* es fundamental, es el encanto mágico del hombre o la mujer educados).

 Antes de servirte agua, controla que los demás tengan los vasos llenos. Si no es así, sírveles el agua primero a ellos. Pero, atención, no llenes los vasos hasta el borde, para no obligar a nadie a hacer equilibrismos.

 No acerques la nariz a los platos para identificar los ingredientes (mi perro lo hace). Es mejor preguntar a quien los cocinó o al camarero. Si eres alérgico a algún alimento y te invitan a comer a una casa, adviértelo antes.

*Comer*

 "Buen provecho": es más educado no decir esta expresión (en el origen, muchos siglos atrás, significaba literalmente: "te deseo que

eructes satisfecho al final de la comida", lo cual no es exaltante). De todas formas, está tan extendida que si alguien la dice conviene dar las gracias en vez de mantener el silencio o de responder: "¡Yo también te deseo un gran eructo!".

 Como ya sabes, no se mastica con la boca abierta, ni se habla con la boca llena. Si nos preguntan algo cuando estamos masticando, no debemos responder hasta no haber tragado, sin prisa.

 Fuera de un ambiente familiar, no es educado limpiar el plato con el pan, ni siquiera aunque pinchemos el pan con el tenedor.

 No añadas sal en casa ajena, para no dejar en mal lugar a quien ha cocinado (sí se puede, en cambio, en un restaurante). Si quien cocinó te ofrece sal, puedes aceptarla.

 No es elegante soplar sobre comida caliente para poder comerla. Es mejor esperar un tiempo y consumirla en pequeñas cantidades (se enfrían antes).

Te aconsejo que no llenes las cucharadas de sopa hasta arriba: si lo haces, es más fácil que desborde cuando vas a beber y las gotas te podrían salpicar. Un truco sencillo consiste en tocar la base de la cuchara con el borde interior del plato, de ese modo quitarás la gota que pueda formarse en la base. En cambio, si nos han servido la sopa en un cuenco con asas, los últimos sorbos pueden beberse directamente, sin usar la cuchara.

 Antes de beber, límpiate la boca con la servilleta. De esa forma, evitarás manchar el borde del vaso con la grasa de los labios. Es difícil acordarse, así que si haces esto en casa poco a poco lo harás de forma automática. Si es necesario, límpiate también después de haber bebido (p.ej. si has bebido leche —sí, también los agentes secretos beben leche a escondidas— o te ha quedado líquido en los labios).

 ¿Es educado repetir en casa ajena? No hay problema en hacerlo. Incluso es educado, si te han invitado a comer o cenar. Pero espera a que te sea ofrecido: si lo pides y no hay más, quien te invitó queda en mal lugar.

 Si no quieres repetir y te lo ofrecen, es galante decir algo como: "No, gracias, aunque estaba muy bueno". Evita expresiones del tipo: "Ni de broma, ¡estoy a punto de explotar!", a no ser que estés entre amigos.

 Los *spaghetti* pueden causarte algún problema. Hay que liarlos únicamente con el tenedor, y nunca cortarlos con el cuchillo. Es necesario dar vueltas hasta que recogemos una porción pequeña de comida. Presta atención para no prepararte bolas de pasta gigantescas imposibles de tragar. Hay que intentar que no queden *spaghetti* colgando del tenedor, pues luego tendrías que aspirar, provocando una peligrosísima *lluvia de tomate*. Tampoco es educado cortarlos con los dientes. Como ves, comer *spaghetti* es todo un arte: ¡ánimo y paciencia!

 Las legumbres y la tortilla se cortan solo con el tenedor.

 Los frutos secos y las aceitunas se comen con las manos (por cierto, no rompas los frutos secos con el puño o los dientes, porque puedes romper al mismo tiempo el fruto, tu puño y tus dientes). También la pizza se puede comer con las manos, incluso en un restaurante. El pollo, en cambio, tiene que comerse con los cubiertos.

 Los huesos de aceituna, mandarina, uva y de otros tipos pueden recogerse en la mano directamente desde la boca, sin mostrarlos a los demás, y depositarlos en el plato.

 No se deja nunca nada en el plato (excepto huesos o raspas) al final de la comida. Si te has servido demasiado, tienes que acabarlo: ¡la próxima vez tendrás más cuidado!

 Los vasos se tocan solo para beber o para brindar, no para juguetear con ellos. No se toman con las dos manos ni se levantan de la mesa para ser llenados.

 Aunque sea una costumbre muy difundida, para brindar no hace falta chocar los vasos: basta un gesto del vaso hacia la persona que propuso el brindis. Si el resto de personas choca los vasos, podemos limitarnos a los comensales de nuestro entorno. Si te proponen que pronuncies un brindis, un buen método es: ponerte de pie, alzar la copa y no enrollarte mucho. El mensaje debe ser siempre positivo y alegre. Si crees que te van a pedir que brindes (porque es tu cumpleaños u otro motivo), piensa antes qué vas a decir.

*Los cubiertos*

 Aprender a usar los cubiertos ayuda a manejar la comida sin necesidad de inclinarse sobre el plato para comer cerca (eso lo hacen los perros y gatos). Mantenerse erguidos exige cierta habilidad, especialmente si estás tomando sopa o un plato de pasta, pero es señal de gran estilo.

 Los cubiertos se cogen del mango, y nunca por la parte cercana a la comida.

 El tenedor no se agarra, sino que se sostiene. Es decir, no hay que blandirlo como una navaja, sino manejarlo casi como un bolígrafo.

 El cuchillo no arranca la carne, sino que la corta. Si no está afilado, basta tener un poco de paciencia o pedir otro, pero no está bien dejarse llevar por la desesperación y matar a cuchilladas el filete (que, obviamente, está ya muerto. Si se mueve, avisa al camarero).

 El cuchillo nunca se lleva a la boca: solo el tenedor, la cuchara y la cucharilla.

 Cuando prepares un bocado para llevártelo a la boca, procura que no sea demasiado grande. De lo contrario, parecerás el león rugiente de la *Metro Goldwyn Mayer*. Si ves que es demasiada cantidad, rectifica con naturalidad: lleva de nuevo el tenedor al plato y corta en dos la porción.

 Si la comida tiene que cortarse en trozos (p.ej. un filete), hazlo progresivamente: cortar y comer, cortar y comer... No cortes toda la carne para luego comértela (eso está bien solo en el caso de los niños).

 Comer la fruta con cubiertos no es fácil, pero tienes que aprender a pelar algunas piezas, pues tarde o temprano te enfrentarás a esa situación. Las naranjas, peladas con cuchillo y tenedor, son difíciles; el melón, fácil; los plátanos se comen solo con el tenedor (no se cortan con el cuchillo); en cambio, las ciruelas,

las mandarinas, los melocotones y las uvas se pueden comer con las manos.

 Si tomas café, no dejes la cucharita dentro de la taza: además de no ser el *top* de las buenas maneras, corres el riesgo de quedarte tuerto. Su lugar está a la derecha sobre el plato.

 A veces es oportuno dejar los cubiertos sobre el plato, para beber o masticar con calma. Si no has terminado, pon los cubiertos un poco separados (como si fueran las manillas de un reloj que indica las 4.40). Si has terminado, pon los cubiertos juntos y en vertical (a las 6.30). Los camareros conocen ese lenguaje y saben si deben retirar o no el plato.

 En una comida con muchos cubiertos, empieza usando los más alejados del plato. La disposición de los cubiertos suele ser la siguiente: a la izquierda, se colocan los tenedores; a la derecha, la cuchara y los cuchillos –para la carne o para el pescado–; y en la parte superior del plato, los cubiertos necesarios para el postre.

 El cuchillo para el pescado (es una especie de paleta) no se usa para cortarlo, sino para separar los trozos (el pescado es normalmente más blando que la carne) y situar los bocados sobre el tenedor.

*Al finalizar la comida*

 No es educado levantarse de la mesa antes de que todos hayan terminado. Si debemos irnos, es bueno excusarse ante los demás.

 Si nos han invitado a comer, agradece de nuevo al final la invitación o envía un mensaje de agradecimiento (SMS o *Whatsapp* también valen) al día siguiente.

 Al finalizar la comida, si es un restaurante o un lugar donde no comes habitualmente, deja la servilleta junto al plato y sin doblar.

 ¿Dejar propina en un restaurante es educado? Depende. Si eres un pobre estudiante, se supone que no vas a dejar una fortuna e incluso a veces puedes no dejar nada; en un bar, puedes dejar parte del resto.

# Higiene

 A partir de los 12 o 13 años, las glándulas del cuerpo cambian: el sudor comienza a oler mal y los poros del cuerpo acumulan grasa. El problema es que a veces la persona no se da cuenta, pero los demás sí. Es necesario, por tanto, estar atentos para cambiar nuestras costumbres higiénicas al ritmo de nuestra edad. Se trata de una de las mejores demostraciones de respeto propio y hacia los demás. Y, además, se está más cómodo.

 La ducha debe ser diaria, mejor por la mañana. Aunque cueste más esfuerzo, nos activa mejor y eliminamos el sudor de la noche.

 Ducharse no es echarse agua: hay que enjabonarse.

 Quien lleva el pelo corto pueden lavárselo todos los días (nadie se queda calvo por eso). Quien lo lleva largo —sea chica o chico—, quizá no lo podrá lavar a diario, pero sí preocuparse de llevarlo limpio. Si tienes problemas particulares —cabello con mucha grasa, caspa, etcétera— existen champús especiales.

 Uno de los mayores misterios del universo es por qué algunas personas (generalmente, chicos) no sienten el olor de sus zapatillas putrefactas. ¡Parecen hechas con piel de orco! Por si acaso, pide a tu madre o a un amigo de confianza que te avise cuando perciba los primeros síntomas. Para evitar este problema se pueden tomar varios remedios: cambiar de zapatos si es necesario; usar plantillas antiolor de venta en las farmacias; aplicarse crema antihongos en los pies si ese fuera el origen; poner las zapatillas sudadas al sol para que se sequen (si se quedan húmedas, se convierten en una bomba atómica), etcétera.

 Si tienes que guardar tus zapatillas sudadas en una bolsa (p.ej. tras un partido de fútbol), llénalas de bolas de papel de periódico, que irán absorbiendo la humedad.

 Usa un desodorante en las axilas todos los días después de la ducha. En verano, si hace falta, varias veces al día.

 Terminada la ducha, quita los pelos que hayan podido quedar en el plato usando una bola de papel higiénico. Para quien debe usar la ducha luego, es más agradable no encontrarse una selva.

 El olor a perfume o a colonia debe ser sutil. No te eches la colonia a chorros ni le gastes a tu padre medio bote de perfume aunque sea un día especial. Usa estos productos diariamente, con moderación, y así lograrás un toque ligero y personal.

 Las chicas suelen estar más pendientes de todo lo relacionado con la cosmética. Pero, precisamente porque usan más productos que los chicos (además del jabón y el champú, las cremas, el maquillaje, el pintalabios, etc.), deben estar atentas a combinar bien las fragancias para conseguir un olor acorde con la personalidad y las circunstancias.

 Los granos forman parte del crecimiento o surgen por situaciones específicas (estrés, por ejemplo). No nos deben avergonzar. Debemos procurar lavarnos con frecuencia la cara y tener paciencia. Si tenemos muchos granos, es mejor pedir consejo a un médico especialista.

 Las manos son una de las partes del cuerpo más reveladoras de la persona. Conviene cuidarlas: si somos chicos, no dejar que las uñas crezcan demasiado; cuidar la limpieza si queremos dejarlas largas; no morder las uñas ni la piel de los laterales; acudir al médico si tenemos verrugas; limpiar las posibles manchas de bolígrafo... Y por supuesto, ¡evitar la suciedad bajo las uñas!

Los monos se sacan los mocos con gran placer. Las personas, no. Por desgracia, algunos conservan esta costumbre de nuestros ancestros. En ciertas ocasiones, hay quien realiza verdaderas perforaciones petrolíferas... Mejor no hacerlo, incluso aunque no haya nadie más, porque podrías seguir la costumbre inconscientemente en lugares públicos. En caso de necesidad, usa un pañuelo (como ves, los pañuelos son los grandes aliados del *gentleman* y la *lady*).

 Cuando se va al baño, no hace falta especificar la materia que nos ocupará ("Voy a..."). Simplemente se puede decir algo como: "Vuelvo en un minuto".

 Para orinar, los hombres deben tener el detalle de levantar las dos cubiertas del váter (también en tu casa). Es un gesto de amabilidad hacia quienes se deben sentar en él. De ese modo, se evita dejar gotas de orina (siempre las hay: nadie es *Robin Hood* en esta tarea). A continuación, tira siempre de la cadena (sí, también para necesidades menores).

 Aunque el baño es un lugar muy íntimo y donde *peleamos* con nuestra propia imagen, tenemos que respetar también las urgencias de los demás: si alguien hace un intento de entrar y lo estamos ocupando, es mejor darse prisa y dejarlo libre, para volver más adelante si es necesario. El "ahora estoy yo hasta que acabe" puede ocasionar escenas trágicas al otro lado de la puerta.

 La maravillosa *Audrey* jamás iría al baño junto con sus amigas. La podrías encontrar de conversación en torno a una mesa de té, dando un paseo por el parque, probándose gafas de sol o mirando escaparates. Pero jamás la verías yendo "de excursión" con otras al baño. No es elegante.

 Si terminas el papel higiénico, es educado tomarse la molestia de poner un nuevo rollo y tirar el cartón del rollo acabado.

  Bigotes, perillas, patillas, barbas... todo está permitido para adecuar tu imagen a tu personalidad. Pero debe verse que es una elección querida y cuidada. Es decir, se trata de evitar la dejadez. Incluso lo que se conoce como "barba de tres días" exige un cierto arreglo (cortar los pelos sueltos que nacen en mejillas y cuello). Dejadez es, por ejemplo, no afeitarse la pelusilla del bigote cuando ya nos parecemos a *Pancho Villa*; dejadez es no peinarse; dejadez es parecer un árbol de Navidad por culpa de la caspa, etcétera. Cada uno tiene su estilo, pero una de las diferencias entre los animales y los hombres es que ellos no se cuidan. Tú, por lo tanto, hazlo.

 Cuando hayas usado un lavabo (para lavarte los dientes, limpiarte la cara o cortarte las uñas...), enjuágalo después con un poco de agua. Es un gesto que agradecerá quien viene detrás.

 Si llevas aparato dental, evita quitártelo o jugar con los elásticos delante de los demás. Al inicio, te aconsejo que después de las comidas mires rápidamente en un espejo si quedó algún resto en él (p.ej. de ensalada).

# Ropa

 El modo de vestir refleja quién eres. Por tanto, con la ropa debes buscar la comodidad, y al mismo tiempo cuidar la dignidad. La elegancia también aumenta la autoestima. Una camiseta sin manchas, unos pantalones de la propia talla, y un jersey que huele a limpio te harán estar confortable. Las buenas marcas aseguran la calidad, pero evita parecer un hombre o una mujer anuncio.

 Seguir las modas es bueno, siempre y cuando no rocen el ridículo (p.ej. que un chico lleve los pantalones caídos para que se vea la marca de la ropa interior es, pensado fríamente, de dudoso gusto; lo mismo ocure cuando una chica lleva tacones excesivamente altos). Si te gustan los extremos en la moda, echa una ojeada a fotos de quienes estaban "a la última" en los años 70, 80, 90... ¡al menos te echarás unas risas!

 Es mejor no imitar el aspecto de los personajes famosos. Ellos son *vips* y tú eres... tú. Si un famoso viste *trash* será visto como excéntrico y alternativo; si tú vistes *trash*, serás visto como... *trash* (significa *papelera* en inglés, e indica una moda desenfadada, pero seguro que ya lo sabías).

 Las manchas en la ropa indican dejadez. Cámbiate en cuanto sea posible.

 Si llevas deportivas para vestir —aunque siempre son más elegantes los zapatos—, al menos que estén limpias y no sudadas (huelen mal).

 Los calcetines blancos solo deberías llevarlos con zapatillas de deporte.

 Para ocasiones que exijan vestir con elegancia, infórmate bien antes. Hay grandes diferencias entre un evento de día y uno de noche, entre un acto académico y una cena de gala, entre una boda y un funeral. Lo mejor es tener un *little black dress* que te quede de cine y un montón de complementos... o muchas amigas con montones de complementos. Y ya sabes el lema de la elegancia: *menos es más*.

 Con los zapatos y el peinado, ocurre igual. Depende de la imagen que quieras dar, que depende a su vez del acontecimiento. Pero hay un viejo consejo que nunca falla: sea lo que sea, debe de permitirte actuar con soltura y elegancia. Como *Audrey*, claro... Si te duelen los pies horriblemente y encima se te caen las horquillas por un lado y el flequillo por otro, no vas a triunfar.

 La ropa ceñida, los vestidos muy escotados, las faldas excesivamente cortas o los colores chillones no son elegantes. A veces pueden impedir que los demás se concentren en tu inteligencia, tu simpatía y tu conversación. Si usas otros métodos (que normalmente requieren más paciencia) –la amabilidad, una conversación interesante, la simpatía, la coherencia...– entrarás en el corazón de los chicos que valen la pena. Entendámonos, ser mirada es agradable, pero recuerda: que lo que muestres no impida que te vean "a ti".

 No retoques el maquillaje en público o en situaciones que te requieren toda la atención, como por ejemplo mientras conduces. Las caras que se ponen ante el espejo son realmente cómicas... El maquillaje ha de corresponder con el vestido, las circunstancias, el sitio e incluso la hora del día. Pregunta a las especialistas de la tienda si tienes duda.

 No entres en el probador con otra persona. Pídele que te espere fuera y luego la llamas para que te dé su parecer.

 Preocúpate por vestir a la moda, pero no dejes que la moda te vista a ti. Es decir, preocúpate de estar orgullosa ante el espejo. Aléjate de los extremos: que vestir bien no te preocupe poco ni mucho. Las apariencias no son lo fundamental, pero son importantes.

 Copio unas palabras de *Audrey Hepburn* (¡sí, ella! ¡la verdadera!) que lo dicen todo: "Para tener unos labios atractivos, di siempre palabras amables. Para tener ojos adorables, mira siempre las cosas buenas de la gente. Para una figura esbelta, comparte tu comida con los que padecen de hambre. Para tener un pelo lindo, permite que un niño pase sus deditos por él, por lo menos una vez al día [...]. La belleza de una mujer no está en su figura, en la ropa que viste o en la forma en que se peina. La belleza de una mujer tiene que ser vista en sus ojos, por que son la puerta de su alma, el lugar donde habita el amor. La verdadera belleza de una mujer se refleja en su alma. En la bondad con la que da amor y en la pasión que demuestra". ¿No es maravillosa?

 Para ocasiones muy elegantes, un estilo clásico invita a llevar: zapatos y cinturón del mismo color; calcetines negros; camisa, siempre de manga larga; corbata con un nudo medio (ni grande, ni pequeño). En caso de cena de gala, boda, etc., lo mejor sigue siendo la chaqueta y la corbata. Asegúrate que la corbata queda ajustada al cuello (es decir, que no deja ver el botón de la camisa) y centrada.

 Es mejor que los hombres eviten excederse con los accesorios (anillos, cadenas, pulseras...). Si te quieres lucir, lleva un bonito reloj.  Asegura que es adecuado al resto de tu modo de vestir (¡pero si vas con Frodo, asegúrate de que lleva "el" anillo!).

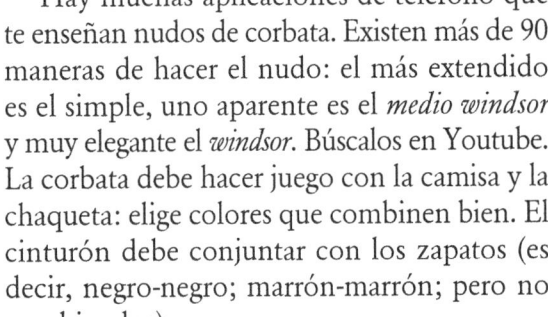 Hay muchas aplicaciones de teléfono que te enseñan nudos de corbata. Existen más de 90 maneras de hacer el nudo: el más extendido es el simple, uno aparente es el *medio windsor* y muy elegante el *windsor*. Búscalos en Youtube. La corbata debe hacer juego con la camisa y la chaqueta: elige colores que combinen bien. El cinturón debe conjuntar con los zapatos (es decir, negro-negro; marrón-marrón; pero no combinados).

 Con chaqueta y corbata, los *jeans* dan un toque de informalidad; no es el máximo de la elegancia, pero en función del contexto se pueden llevar (si son buenos *jeans* y están limpios...).

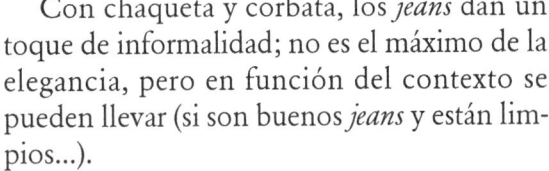

 Las gafas de sol se usan cuando hay sol. Si estás a cubierto, o en un edificio, mejor quítatelas, porque parece que solo se quiere aparentar

(pero si lo que quieres es precisamente aparentar, póntelas y ¡atento a los escalones!).

 Es de buena educación quitarse las gafas de sol también cuando nos encontramos con alguien por la calle, para que nos pueda mirar a los ojos.

 Preocúpate de que la ropa que lleves sea adecuada al ambiente y la actividad que vas a realizar. La ropa también contribuye a la autoestima: si te pones ropa demasiado cómoda para todas las ocasiones (p.ej. el chándal para ir a una fiesta o a una ceremonia religiosa), no nos tomarán en serio y nosotros mismos estaremos incómodos viéndonos fuera de lugar. Recuerda que la ropa contribuye mucho a la primera impresión, y que solo tienes *una* oportunidad para dar una *buena primera* impresión.

# Nuevas tecnologías

*Smartphone*

 En general, evita llamar antes de las 9 de la mañana, después de las 22 h y durante las comidas.

 Si intuyes que la persona a la que llamas puede estar ocupada, es educado preguntar antes algo como: "¿Puedes hablar ahora?". Si te dicen: "Mejor llama después", no sigas la conversación con una frase del estilo: "Solo te quería decir que...". ¡No! ¡llama después!

A los números desconocidos o privados se debe responder con un escueto "¿Sí?" o "¿Dígame?", mejor que con un amenazante: "¿Quién es?".

 No pongas encima de la mesa el teléfono móvil mientras comes (en tu casa haz lo que quieras, pero te recomiendo evitarlo). Es un objeto que normalmente se pega al oído. Además, si te llaman durante la comida será molesto para los demás.

 En un ambiente cerrado (autobús, tren, tienda, submarino...) intenta que tu conversación al teléfono sea breve y en voz baja. Es verdad que lo hace mucha gente, pero no es lo mejor. En cualquier caso, evita siempre que estés en público las conversaciones privadas (sobre amigos, profesores, chicas o chicos, los planes secretos del enemigo para atacar a la Reina de Inglaterra, etcétera).

 No llames ni respondas al teléfono en situaciones incómodas (p.ej. el cuarto de baño).

 Hay gente que cuando habla al teléfono parece que le está gritando al satélite. ¡No hace falta vociferar!

Acostúmbrate a poner el teléfono en modalidad silenciosa durante las clases y en hospitales, ceremonias religiosas, cenas en restaurantes, museos, conciertos, cines, teatros... El gesto de quitar el sonido indica gran respeto por el lugar en el que estamos o la persona a la que vamos a visitar.

 Cada vez es más frecuente navegar, chatear y en general usar el teléfono cuando estamos en grupo. Asegúrate de que no lo usas como un "refugio": las relaciones físicas también se debilitan si no ponemos un poco de empeño en los momentos de aburrimiento o cuando no hay nada de qué hablar –p.ej. cuando sales con una chica o chico o con tus amigos, o cuando viajas con tus padres–. En ocasiones, "oblígate" a estar atento a los que te rodean.

 Si estás esperando una llamada importante y te encuentras en una cena o en casa de un amigo o una amiga, es bueno advertir a los demás: así te excusarán cuando tengas que responder.

 La música del teléfono refleja el carácter de una persona. Aunque te guste el séptimo de caballería, la banda sonora de *Psicosis*, o la música *heavy*, piensa que no serás la única persona que la escucha. Fíjate en esto: si cuando te llaman y hay gente alrededor te das muchísima prisa por apagar el sonido, quizá significa que no tienes la música adecuada.

 Si no eres la Primera Dama o el Presidente de los Estados Unidos —y algo me dice que no lo eres—, seguramente no tienes por qué controlar tu teléfono cada minuto cuando estás en el cine o en el *McDonald's*. Quien lo hace, demuestra que se está aburriendo, y ese mensaje no es agradable para los demás.

 Si la persona con la que hablamos se alarga mucho con la llamada y queremos cortar, podemos decir una *mentira piadosa* (es decir, una mentira que no hace daño a nadie). P.ej. "Siento tener que dejarte, pero debería hacer una cosa. ¿Quieres que te llame luego?".

 Si se corta una llamada, vuelve a marcar quien la inició.

## Auriculares

 Usar los auriculares para escuchar música es una experiencia fantásica. Pero hay que quitárselos (sí, los dos auriculares) si tratamos con alguien, incluso aunque no pensemos hablar: p.ej. ante el cajero al que pagas en el supermercado, la conductora del autobús a la que pagas el billete o tu madre cuando la saludas al llegar a casa. Es gente que agradecerá saber que, si deben decirte algo, no lo tendrán que repetir dos veces. No basta apagar la música (la otra persona no sabe si escuchas algo o no): lo cortés es quitarse los auriculares.

 Escuchar música con los auriculares a un volumen muy alto en lugares cerrados (metro, autobús, sala de espera...) puede molestar a los demás. ¡No todos entienden el *hip hop*, el *heavy metal* o el *rap*!

## SMS, chat y mail

 Evita escribir mensajes en MAYÚSCULA. Es tan desagradable como que te griten al oído (¿LO HAS ENTENDIDO, PEDAZO DE +&#*^@?).

Reduce al mínimo las abreviaturas en los mensajes. A todos nos gusta que el otro se tome la molestia de facilitarnos la lectura escribiendo bien.

 Si escribes un mail o un mensaje, acostúmbrate a releerlo antes de enviarlo: controla los posibles errores ortográficos o de puntuación. Son la tarjeta de visita de tu carácter y te dan a conocer más de lo que crees.

 Esfuérzate por responder a los mensajes que pidan confirmación, aunque sea brevemente. Quienes no lo hacen, dan una imagen de prepotencia. P.ej. *"James Bond*, soy *Audrey*, ¿vendrás a rescatarme?... *James*, por favor... ¿*James*?...".

 Si tienes que cancelar un encuentro (no puedes ir a un partido o a una cita, o algo similar), es más elegante llamar por teléfono y decirlo de palabra. Enviar un SMS o mensaje de *Whatsapp* es un método demasiado seco y algo "cobarde".

 No envíes mails o mensajes de *Whatsapp* con fotos o vídeos demasiado pesados (p.ej. todos los *selfies* que te sacaste con tus amigas en el concierto del sábado por la noche). Si la otra persona no tiene una buena conexión le puedes bloquear el correo electrónico o gastarle el internet del teléfono.

 No reenvíes las cadenas de mails: no explotará la Tierra, ni se cebará contigo la mala suerte, ni salvarás a un niño del Tercer Mundo (por desgracia). Simplemente, cargarás a tus amigos de mensajes inútiles y quedará en evidencia tu ingenuidad electrónica.

 Si envías un mail a muchas personas, hazlo en copia oculta (*cco*) si entre ellos no se conocen: es decir, que quien lo recibe no pueda ver las direcciones de los demás. La cuenta de correo es algo personal que no debemos facilitar a quien no le compete, y menos cuando se trata de una dirección ajena.

*Facebook*

 En *Facebook* o *Snapchat* no etiquetes a un amigo o amiga en las fotos si piensas que no le puede gustar (porque en la foto ha salido mal o le pillaste en una situación ridícula). Si dudas, me-jor no pongas su nombre.

Todos tenemos una "vida virtual" que empieza cada vez más pronto y dura toda nuestra vida. Por eso, elige con atención tu identidad en mails y redes sociales. Lo más oportuno es que responda a tu nombre real. Los apodos u originalidades se acaban pagando caro (p.ej. _@jameselespiaguay_ o _audreysupertop@gmail.com_ son direcciones que no durarán mucho).

 ¿A quién no le gusta recibir personalmente la felicitación por el cumpleaños? Si se trata de una amistad poco íntima, un mensaje por _Facebook_ o _Whatsapp_ es suficiente. Pero si, en cambio, es el de una amiga o un amigo cercanos o de un pariente, un mensaje en el muro de _Facebook_ sabe a poco. Si no puedes verlos, siempre es mejor que los llames por teléfono.

 No es educado publicar o compartir imágenes obscenas o vulgares. Principalmente, porque el mal gusto es contagioso. Además, piensa a largo plazo: el buen estilo que quizá te ha costado años conseguir puede derrumbarse en pocos segundos si alguien (tus futuros hijos, por ejemplo) ve lo que compartimos en nuestro muro de _Facebook_ o en _Snapchat_ en una tarde tonta de domingo.

*Whatsapp*

 Cualquier conversación cara a cara tiene siempre la precedencia sobre un mensaje de *Whatsapp*.

 Demuestra un gran dominio de sí quien, hablando con una persona, no mira el teléfono inmediatamente cuando recibe un mensaje. La mayoría, como el perro de *Pavlov*, no logra resistir, ¡la alerta de *Whatsapp* es superior a sus fuerzas! (si no sabes quién era el perro de *Pavlov*, Google tiene la respuesta). Contenerse y dejar para más tarde la lectura del mensaje deja una señal muy clara a la persona con quien hablábamos: *mi vida la gobierno yo*, y *ahora te estoy haciendo caso a ti*.

 Hablar con un amigo o una amiga y *whatsappear* a la vez, no es la mejor situación. A veces, valdrá la pena decir: "Dame un minuto, acabo esta conversación por *Whatsapp* y estoy contigo". Y luego, volvemos con él o ella.

 Antes de enviar por Whatsapp una broma, una frase con doble sentido o algo que piensas que puede herir a tu interlocutor, léelo dos veces. O tres. Si aún dudas, espera. Deja pasar unos minutos y vuelve a leerlo. Lo mismo si se trata de una respuesta dura en una discusión que va subiendo de tono. A veces, al no contar con los gestos o entonaciones del lenguaje hablado, *Whatsapp* genera muchos malentendidos y disgustos. En muchas ocasiones, lo mejor será cortar el chat y llamar por teléfono.

 Si en un grupo de *Whatsapp* con muchas personas, dos miembros inician una conversación entre ellos, es mejor que la sigan de modo particular, para no cargar con mensajes al resto del grupo.

 Flashes, campanillas, silbidos de pastor y otras alertas de *Whatsapp* son señales agotadoras para quienes nos rodean. Si estás en un lugar público, siléncialas.

 A veces, resulta difícil cerrar una conversación en *Whatsapp*. La conversación se alarga y no se sabe cómo interrumpir sin parecer brusco. Basta un mensaje amable que deje claro que se abandona el diálogo: p.ej. "Bueno, me pongo a estudiar, ¡nos vemos pronto!".

# LAS CHICAS, LOS CHICOS

*Amigos, amigas*

 Es sabido que la psicología masculina y femenina son diversas. Unas y otros no somos ni mejores ni peores, sino diferentes (¡por eso nos gustamos! Él y ella poseen cosas de las que carece el otro y así nos completamos, nos mejoramos mutuamente). Por eso, respeta siempre a los chicos o a las chicas: es más, admira al otro, porque puedes aprender mucho.

En general, las chicas dan más valor a los sentimientos y los chicos a las experiencias sensibles (es una diferencia pequeña, pero es así). Permite atraernos mutuamente y descubrir que somos seres incompletos. Pero ten en cuenta lo que te he dicho: los chicos dan más valor a la "experiencia". Si te sientas encima de ellos, forcejeas, o buscas algo de contacto físico (un abrazo, un achuchón...) es muy probable que cada uno interprete el gesto en modo diverso.

 Las chicas exigen un trato especial: por lo general (no siempre), son más delicadas físicamente y sensibles emocionalmente, por eso con ellas tienes que dar lo mejor de ti. A un amigo le puedes empujar, saludarle con una colleja o tirarle un balón con fuerza. A una chica, no. Por supuesto que se puede bromear con las chicas, pero hay que medirse. Con ellas, es mejor evitar las bromas relativas a: la ropa, el peso, el aspecto físico, el sexo y los sentimientos, por elegancia y para evitar daños que ni sospecharías.

 Aunque los tiempos, gracias a Dios, hayan cambiado, los chicos pueden tener detalles de

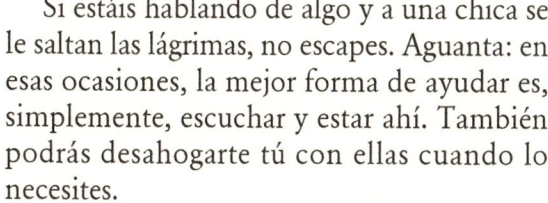

educación que gustan a las chicas: dejarles sitio para que se sienten, cederles el paso en una puerta, elogiar su nueva ropa o peinado, etcétera. Las chicas lo agradecerán, pero tampoco deberán aprovecharse y convertir a los chicos en pequeños "esclavos".

Si estáis hablando de algo y a una chica se le saltan las lágrimas, no escapes. Aguanta: en esas ocasiones, la mejor forma de ayudar es, simplemente, escuchar y estar ahí. También podrás desahogarte tú con ellas cuando lo necesites.

Te aconsejo que hables de problemas importantes (de amor, de familia, de salud...) únicamente con tus amigas más íntimas (¡que son pocas!), a quienes podrás pedir consejo o con quienes simplemente querrás desahogarte. No cuentes tus problemas a los cuatro vientos.

Al subir una escalera estrecha, el chico tiene que ir delante y la chica detrás siempre, tanto al subir como al bajar, para abrir el camino mientras se sube o para parar una caída cuando se baja (los chicos suelen ser más grandes, por lo que si tropiezan pueden provocar más daños). De acuerdo, es un gesto de caballero, como abrirle la puerta del coche a la chica, retirarle la silla, dejarla pasar primero o encargar la pizza y llevarla a la mesa...¿Antiguo? No, eso no es ser *antiguo*, es *tener clase*. Si el chico lo hace con naturalidad, quedará muy bien.

Es maleducado seguir con los ojos a una mujer, y ofensivo hacerlo de manera descarada. Y ya es de animales el hacer referencia a alguna de sus características físicas o lanzar silbidos y aullidos más propios de homínido neandertal. Si ves que un amigo tuyo no se puede contener, aconséjale que vaya a la carnicería y babee ante la carne allí expuesta.

Otra oportunidad para "hacerse único/a" es no criticar a ninguna persona. A veces, basta que pase junto a nosotros un compañero o compañera o que se aleje, para que se convierta en el blanco de todas las flechas envenenadas. Es un hecho: nos gusta cotorrear. Desgraciadamente, hundir a otra persona nos hace sentirnos por encima de ella. Sin embargo, es un signo de inmadurez. Ojalá desees imitar a *Robin Hood* y defiendas como él a los pobres

(pobres de carácter, de elegancia, de amistades...), pidiendo que no se los critique a sus espaldas. Defiéndelos intentando destacar sus cosas buenas. Aunque te quedes solo o sola, los que te oigan sabrán que, cuando ellos no estén presentes y se les vaya a criticar, tú los defenderás.

 Si invitas amigas o amigos a casa, avisa a tu madre o a tu padre antes con una llamada de teléfono, especialmente si se van a quedar a comer, cenar o dormir. Quizá no sea un buen día o haya alguna complicación familiar de la que no estás al tanto. Por cierto, quien invita tiene algunas obligaciones: preocuparse de que la persona está cómoda, indicarle dónde está el servicio, no dejarle solo o sola durante un tiempo indefinido, etcétera. Si olvidarse un iPhone es grave, ¡*olvidarse* un amigo lo es más!

*Novias y novios*

 Entre novios, los nombres cariñosos hay que usarlos solo en la intimidad. En presencia de los demás —también si es el grupo de amigos—, se tienen que llamar por el nombre. "Cariñito", "amor", "osito", "patatina mía"

y nombres de ese tipo son, para el resto de la gente, ridículos (y para los novios, también, pero ya se sabe que el amor es ciego y sordo).

 Los momentos de amor íntimos (caricias, abrazos, besos...) se deben evitar en lugares públicos y especialmente ante los amigos. Aunque nadie os conozca, esos momentos pierden intimidad si se llevan a cabo en medio de la calle. La soledad hace ese momento *íntimamente vuestro*. Son cosas para que queden entre los dos.

 Un noviazgo "elegante" sabe respetar unos límites: hasta que no se ha prometido públicamente que se desea vivir una vida con esa persona, su intimidad no nos pertenece, por lo que hay que respetarla. Piensa: si vuestra historia no siguiera adelante: ¿qué pasaría si tras cinco años te cruzas con él/ella? ¿podrías mirarle a la cara sin remordimientos? Si os respetáis y afortunadamente decidís iniciar un proyecto estable juntos, sabrá que podrás darle lo que no has dado a nadie más: tu más profundo yo.

 Si crees que debes cortar con tu chica o tu chico, piensa antes cómo explicárselo. Evita las improvisaciones, que pueden hacernos decir cosas hirientes. Di tus motivos, sin ofenderle. Si necesitas interrumpir la relación un tiempo, dilo; si ves claro que quieres cortar, no des falsas esperanzas. Para tener esa conversación, busca un lugar donde podáis estar tranquilos y hablar sin interrupciones. No cortes por teléfono, ni por *Whatsapp*, ni en presencia de otros. Si la otra persona queda herida y habla mal de nosotros, es elegante callar y no responder en público con nuestra versión de la historia. Tras una relación, hay que hablar siempre bien de la otra parte, dejando lo que no funcionaba solo para nosotros.

Recuerda que —si conduces— en una primera cita elegante, es de caballeros abrir y cerrar la puerta del coche a la chica, quien tendrá que agradecer el gesto galante. Obviamente, también se debe actuar así si la persona que nos acompaña es mayor o tiene problemas de movilidad. El *agente 007*, después de haberlas pasadas canutas en su más reciente misión, usaría sus últimas fuerzas de vida con tal de abrir la puerta de su descapotable a la fascinante *Audrey*...

 Si quieres tener el detalle de ragalar un ramo de flores (a tu chica, a tu madre, a tu tía...), especifica en la floristería el motivo (y el presupuesto, si vas justillo): cada flor tiene un significado diferente, y podrías meter la pata (p.ej. no es lo mismo un ramo para regalar a la novia, para una amiga que ha tenido un niño o para la abuela por su cumpleaños).

# Deporte

 En el deporte, el espíritu competitivo lleva al máximo nuestras pasiones, y la pasión es algo que necesitamos para competir. Pero en esas situaciones, a veces el instinto pasa a controlar nuestras acciones. Por ejemplo: si nos dan una patada jugando a fútbol, el instinto animal de autodefensa nos lleva a responder inmediatamente. Sin embargo, mantener la calma en momentos extremos es la mejor demostración del caballero o la dama que llevamos dentro, que no se deja desbordar por la situación.

 Respeta las reglas de cada deporte. Los límites existen para hacerlo más divertido y difícil. Si los contrincantes no los respetan, házselo notar, pero no gastes tus fuerzas en reclamar cada ilegalidad. A veces, se puede ganar perdiendo.

 Ayudar a levantarse al contrincante cuando ha caído devuelve al deporte su humanidad. Pide perdón si es necesario. No te enfades si alguien te hace daño y no te pide disculpas: ten paciencia, todos nos hemos cruzado en la vida con algún descendiente de *King Kong*.

 Haya ocurrido lo que haya ocurrido, es muy elegante ofrecer la mano al final del partido. Renunciar a estrecharla, de villanos.

 Lamentarse en voz alta, criticar a la gente del equipo o buscar excusas cuando un partido se tuerce evidencia muy poco estilo. Mantén el tono positivo o cállate y demostrarás gran autocontrol. También si estás viendo un partido por la tele.

 Si, jugando a un deporte de balón, envías la pelota lejos del campo o la envía otra perso-

na pero a ti te pilla corriendo en esa dirección, es elegante continuar la carrera y recuperar el esférico (o el balón *ovalado*, si es rugby).

Aunque se juegue con el grupo de amigos o amigas, si se gana un partido no está bien insistir en la derrota con bromas o comentarios. Se ha ganado y ya está.

# Situaciones

*Medios públicos*

 Como ya sabes, es elegante ceder el sitio a personas mayores o mujeres embarazadas o con niños pequeños. Si dudamos sobre si alguien necesita nuestro sitio (porque está en esa edad en la que puede agradecer el gesto o enfadarse por haberla considerado mayor) basta levantarse y dejar libre nuestro asiento. Los demás entenderán que es para él o ella. Y si otro más listillo te quita el sitio, paciencia: quedará mal ante todos.

 Evita hablar por el teléfono en el autobús, en el metro, en el tren... Si debes hacerlo, que sea en tono bajo y durante el mínimo tiempo imprescindible.

 Si llevas música con cascos, procura que no esté tan alta como para que los demás la oigan. Los transportes públicos son lugares cerrados y se oye bastante. Puedes llevar al lado alguien con dolor de cabeza o problemas familiares, ¡o a un loco asesino psicopático cuya locura se activa con la música!

 Si el medio de transporte está hasta los topes, quítate la mochila (si la llevas), pégate los brazos al pecho para pasar entre la gente. Pide permiso, y si debes hacer presión, hazlo despacio y disculpándote (¡que no parezca una estampida de elefantes enloquecidos!). Procura mantener la calma: son situaciones incómodas para todos. Mejor perder nuestra parada de autobús y caminar un poco que romper los huesos del pie a una viejecita indefensa que puede demostrarte ser la *Agente 008*, cinturón negro y campeona nacional de judo.

Es muy maleducado poner los pies en el asiento de enfrente en el metro o autobús. De acuerdo, es mucho más cómodo, pero no se trata del salón de tu casa.

 Si llevas una mochila o bolso, no ocupes con él un asiento a no ser que el autobús vaya medio vacío. Si alguien hace ademán de querer sentarse allí, no lances un suspiro *perdonavidas*.

 Los adolescentes-elefantes son aquellos que todavía no tienen bien tomadas las medidas de su cuerpo y por eso chocan continuamente o tiran las cosas. En concreto, pon atención a cómo te mueves con bolsos o mochilas en lugares públicos. Vale, aunque tú recibas un golpe con una de ellas, te afecta tanto como que se te pose una mosca en la cabeza. Pero a una anciana de 90 años le puedes dislocar el hombro y partirla en dos.

 Si vas con tus amigos y amigas en un medio público, ocúpate de que los temas de conversación sean positivos: criticar a un profesor, hablar de lo mal que nos cae una compañera o contar con abundancia de palabrotas el par-

tido del sábado puede resultar molesto para los demás, especialmente los niños pequeños. Cambia de tema o di algo positivo.

 En las escaleras mecánicas del metro o de un centro comercial, ponte en el lado derecho si no quieres subirlas o bajarlas caminando. Especialmente si vas con varios amigos o amigas, intentad no formar un tapón. Puede haber gente que esté llegando tarde a una cita o que va a perder un avión o cualquier otra urgencia. No te molestes si alguien te pide pasar y pídelo con delicadeza si eres tú el que quiere hacerlo.

*Funeral*

 Por desgracia, antes o después viviremos la muerte de una persona cercana. No es indigno llorar, pero sí es bueno que las emociones estén siempre bajo control, sin dejarse llevar por la desesperación. A veces, otros necesitarán que nosotros conservemos la calma.

 En un funeral, conviene consolar a los familiares del difunto con una frase genérica del

tipo: "Lo siento mucho" o "Rezaré por él/ella".

 Los hombres acuden a un funeral con ropa oscura y camisa blanca. No es obligatoria la corbata negra. Las chicas con ropa oscura y elegante, pero obviamente no de fiesta.

 Si una ceremonia religiosa ha empezado, es mejor esperar a que termine para saludar al resto de asistentes. Por lo general, muchos amigos de la familia se conocen y a veces se forma un gallinero ante el difunto que no es agradable para los familiares más cercanos.

 Si, por amistad o parentesco, tienes que acompañar a una persona afectada por el fallecimiento, es educado estar atentos para darle apoyo. En los tiempos de espera (un entierro suele ser lento), hay personas que prefieren el silencio; otras, agradecen que saquemos un tema de conversación diferente (siempre adecuado a la situación; no conviene, por ejemplo, hablar de fútbol, de moda o contar chistes); otras nos piden que recemos con ellos; y a otras les gusta hablar de sus recuerdos del difunto. En cada caso, habrá que saber adaptarse a la situación. Puedes llevar la iniciativa (p.ej. acercándote para hablar cuando estén solos), pero sin forzar el diálogo.

 Si llegas a saber del fallecimiento de alguien del entorno de una persona muy cercana (p.ej. el padre una amiga íntima), puedes llamarla por teléfono para darle el pésame cuando pienses que ha pasado un tiempo prudencial (no inmediatamente, sino tras unas horas). Si no sabes si es oportuno, puedes enviar un mensaje preguntándole: "He sabido la noticia. Lo siento de verdad. ¿Te puedo llamar?". Conviene pensar antes qué vas a decir (frases de consuelo y ánimo, principalmente). Si no es una persona muy cercana, puedes enviar un SMS de pésame con una referencia positiva al difunto (p.ej. "Fuimos afortunados de tenerlo entre nosotros. Ahora nos ayudará desde el Cielo", o algo similar).

*Biblioteca*

 Una biblioteca pública es un lugar para leer y estudiar (bueno, y ligar), donde el silencio es importante. Cuando uno llega de la calle, aún no se ha adaptado al silencio, por lo que corre el riesgo de entrar como un elefante en una tienda de porcelanas: dando un portazo, arrastrando la silla, poniendo sobre la mesa la cartera con los libros de golpe, saludando a la gente, lanzando suspiros, etcétera. Evita esas entradas triunfales.

 Si te levantas o sientas en un ambiente de silencio, haz equilibrios para no arrastrar la silla. Esta se separa o se acerca a la mesa levantándola un poco, no arrastrándola. Exige un poco más de esfuerzo, pero es más elegante.

 Estudiar con música es... un engaño. El cerebro no puede atender bien dos tareas: puede, pero lo hace a medias. Quien dice que es capaz —a no ser que tenga que realizar una actividad automática, como por ejemplo dibujar—, o se engaña o es un *alien* con dos cerebros (desconfía de ellos, pueden estar intentando abducirte). Además, en un ambiente de silencio, puede molestar a quien de verdad quiere poner su *único* cerebro en una sola tarea.

 Es normal solicitar ayuda, pedir unos apuntes o preguntar las tareas por estudiar a un compañero o compañera. Hacerlo todos los días, es de caraduras.

*Fiesta*

 Si te invitan a una fiesta es bueno confirmar tu asistencia o anunciar tu ausencia (en caso de que haya motivo). Colarse en una fiesta a la que no se ha sido invitado es de mala educación.

 Si llevas amigos o amigas a una fiesta a la que solo te invitaron a ti, avisa antes a quien te invitó (p.e;. "Hola, *Audrey*, mis primas están en la ciudad, ¿te importa si vienen conmigo a la fiesta?").

 Aunque una fiesta tiene márgenes flexibles de tiempo, procura llegar en torno a la hora a la que te dijeron que iniciaba. Quien convoca la fiesta agradece que haya buen ambiente desde el comienzo.

 Si se celebra un cumpleaños o aniversario, procura no presentarte con las manos vacías. Piensa en algún regalo: si dudas, un libro, música, unos bombones o una película son siempre bien recibidos.

 Modérate en la bebida y la comida. Si llegas con mucha hambre, pon esfuerzo por no monopolizar los sandwiches. Un modo de controlarse es pasar la bandeja o la botella ofreciendo comida y bebida. Cuando todos estén satisfechos, podrás comer con tranquilidad. No corras para lograr comida o bebida: te aconsejo que esperes un poco y observes a los demás. En estas ocasiones, mirando a la gente se aprende mucho de cómo comportarse y cómo no hacerlo. La elegancia impone comer despacio y poco a poco (si estás hambriento/a, consuélate pensando que *poco a poco* ¡se puede llegar a comer *mucho!*).

 Si la comida y la bebida están concentradas en una o dos mesas, no excaves una trinchera ante ellas para disponerte a aguantar la posición. Coge lo que sea y aléjate unos metros. Piensa en los demás: avanzar a codazos con el simple objetivo de conseguir un canapé es un poco humillante.

 Si en una fiesta estás hablando con una o varias personas y quieres cambiar de grupo, espera el momento oportuno. Si te hablan a ti, intenta cerrar el tema de conversación (p.ej. "Es fascinante lo que me cuentas sobre la extinción de los moluscos en el Mar Índico.

Mira, quería saludar a un amigo que he visto hace unos minutos: voy a saludarle y nos vemos más adelante, ¿vale?"); si, en cambio, la conversación la mantienen entre otros y tú solo escuchas, basta que dejes el grupo mascullando una excusa, sin interrumpir la conversación (p.ej. "Ahora vuelvo"). Una fiesta está para saludar a mucha gente, pero hay que saber cambiar de interlocutor con elegancia.

 La buena educación hace que los amigos del celebrante se preocupen por ayudarle a que todo salga bien. Evita, por tanto, discusiones, peleas o críticas y contribuye al buen ambiente: baila, divierte a la gente, presenta a quienes no se conocen o autopreséntate... Ayudas también si te haces cargo de posibles problemas: controla a quien ha bebido de más, acompaña a quien quizá queda un poco colgado, cuida el mobiliario de la casa, etcétera. En este sentido, *James Bond* tiene aún mucho que aprender (cuando él acude a una fiesta, siempre ocurre *algo*).

 Para ir poniendo fin a una fiesta de modo delicado, baja la música cada cierto tiempo y retira poco a poco la bebida y la comida. Puedes pedir a algunos que te ayuden a recoger.

La gente entenderá que va siendo hora de plegar las velas (es decir, de marcharse).

*Por la calle*

 Si llevas paraguas porque llueve y la acera es estrecha, acuérdate de levantarlo cuando te cruces con otra persona. De esa forma, los paraguas no chocan soltando toda el agua. Si en la acera solo cabe una persona, toca al caballero saltar a la carretera o ceder el paso y a la chica agradecerlo con una sonrisa.

 Si llueve, el chico o la chica elegantes caminan por el lado de la acera más próximo a la carretera: si pasa un coche y salpica, evitará ese disgusto a las señoras, ancianos o niños. También habrá que proceder así si caminamos por un barrio donde pueda haber peligro de robo desde un coche o una moto. En este segundo caso, el chico —y no tanto la chica— puede tomar esa responsabilidad (simplemente, los chicos tienen un físico más grande, por lo que un tirón o empujón lo encajan mejor).

 En ocasiones, a un bar debe entrar antes el chico que la chica. De ese modo, puede echar una ojeada por si ella pudiera sentirse incómoda. Depende mucho del lugar, barrio, tipo de bar, si es conocido o no... pero a veces conviene (en una zona que desconoces y tiene mala pinta, por ejemplo).

 Si dos personas llegan a la vez a una puerta, el más joven cede el paso —con un gesto de la mano y una sonrisa— al más anciano, y el chico a la chica (excepto en un bar desconocido, como hemos dicho antes).

 Si entras a un edificio, preocúpate de sostener la puerta a quien viene detrás o, al menos, de no estampársela en las narices.

 Chicle: cuando te hartes, no lo tires sin más. Es muy educado meterlo en un trozo de papel y tirarlo en una papelera. Pegarlo en cualquier lugar o lanzarlo al suelo hace que luego se le pegue a otra persona. Por cierto: ¿has visto a una vaca masticar hierba? Es todo un espectáculo y se parece mucho a quien mastica chicle con la boca abierta.

 Las colas son un lugar donde cada uno muestra su educación. Respetar el turno no es fácil, exige dominio y atención por los demás. Si alguien se cuela, puedes llamarle la atención, dando por supuesto inicialmente que lo ha hecho por despiste (p.e; "Perdón, quizá no ha visto que la cola empieza aquí"). Si tienes muchísima prisa, pide permiso a la gente. Si no tienes prisa, colarte puede parecer de "listos", pero es de "listillos": y un listillo es un *listo egoísta*.

## Recibir regalos

 Da las gracias siempre cuando te regalen algo. Aunque tengas ese libro, aunque ese jersey te parezca horrible, aunque esas gafas estén pasadas de moda, aunque no sepas muy bien para qué sirve lo que te han regalado, aunque jamás vayas a usarlo... agradécelo.

 No preguntes cuánto dinero costó un regalo, puedes poner en dificultad a quien te lo ofrece. Lo que importa es que pensaron en ti. Abre el regalo ante la persona que te lo dio.

 Si tienes suerte y te regalan varias cosas a la vez, no te concentres sobre un objeto olvidando los demás: presta un poco de atención a todos, por turnos.

Si te preguntan si tienes algún deseo, es bueno dar pistas (p.ej. me gustaría renovar un poco los juegos de la *Playstation*). Pedir algo directamente es demasiado violento. En cambio, sugerir ideas ofrece más seguridad de acertar a quien nos va a hacer el regalo (p.ej. "Hoy he visto a un tipo con unas zapatillas *Nike* naranjas que me han encantado"). El "no quiero nada" pone en dificultad a los demás.

 Trata bien los regalos: si tiras sobre el sillón un jersey que te han regalado tres minutos antes, demuestras que no te interesa mucho.

 Si debes cambiar un regalo –p.ej. tu tía distraída te regala la camiseta de un equipo de fútbol que machacó 8-0 al tuyo el domingo pasado–, hazlo con mucha delicadeza. Por ejemplo, puedes preguntarle: "Es preciosa, pero me está algo pequeña y me haría mucha ilusión usarla en el próximo partido. ¿Tienes el ticket para cambiarla por una mayor? Quizá cambio el equipo también".

 Agradece los regalos siempre con una sonrisa, acompañado de las muestras de afecto adecuadas a la persona: un beso, un abrazo, aullidos de entusiasmo... lo que quieras. Si la persona que te lo regala no está presente (p.ej. recibes un regalo de tu abuela que tiene una granja de canguros en Australia), envíale un *Whatsapp* con mil corazones, o un SMS o mail de agradecimiento.

## Enfermos

Si un amigo o una amiga cae enfermo, envíale un mensaje para preguntar cómo está. Al día siguiente, llámale por teléfono. Si tenéis mucha amistad, pregúntale si puedes ir a verle a casa. La visita, si la persona está débil, no conviene que supere la media hora. Piensa qué le contarás: normalmente, las enfermedades son tiempos muy aburridos, por lo que cualquier noticia "del exterior" se agradece mucho, y si nos hace reír, más todavía.

Si visitas a alguien en el hospital, procura que tu visita no le canse mucho. Si entran médicos o enfermeras, di que esperas fuera de la habitación (a veces, hacen preguntas algo íntimas al enfermo). El ritmo en el hospital suele ser tranquilo, así que procura que no llegue contigo un huracán de música y gritos. Tampoco llegues con cara de funeral.

 Pregúntale al enfermo delicadamente por su salud, pero no te entretengas mucho. Tampoco empieces a hablar de ti o de otras personas que sufrieron la misma enfermedad. Sé positivo, pero sin resultar ingenuo (p.ej. "¿Te has roto la rodilla? Bah, no te quejes, yo también me la rompí. Ya verás, en dos días estás corriendo...").

 Ofrece ayuda a los padres de tu amiga o de tu amigo: si hace falta ponerle al día sobre las tareas o estudios, hablar con los profesores, traerle una película, si agradecen que vengas más veces, etcétera.

 Si vienen a visitarte (porque también los agentes secretos y las actrices enferman), procura que la habitación esté ordenada y ventilada. Pide ayuda si es necesario. Si tú eres quien visita y no huele bien o la enfermedad de tu amigo o amiga no es agradable, ni pestañees. Esas cosas se aguantan estoicamente, sin inmutarse.

*En coche*

Conducir velozmente no es conducir bien: correr es mérito únicamente del motor. Conducir "bien" es mucho, mucho más difícil: es ir ágil, pero seguro; es respetar las normas de tráfico con sentido común; es lograr que nuestros acompañantes no salgan del coche besando el suelo y recitando avemarías; es no provocar el enfado de ningún otro conductor; es no arriesgar la vida… Conducir bien es un arte mucho más complejo que el simple pisar un acelerador.

No todos conducen tan bien como tú: en la carretera hay también gente mayor que se distrae con facilidad, padres que van atentos a sus hijos pequeños, personas con muchas preocupaciones en la cabeza, gente que no conoce el lugar por el que transita… Sé paciente con quien comete errores conduciendo. No te enfades con ellos: si se equivocan poniendo en peligro a los demás, házselo notar con estilo. A veces, es más efectiva una sonrisa que una cadena de insultos y gestos desde la ventanilla.

Si te equivocas conduciendo y te tocan el claxon, admite el error y agradece la indicación. Todos tenemos mucho orgullo y nos molesta un poco que nos corrijan, pero únicamente los tontos no se equivocan jamás. Quien lo admite con sencillez, cae mejor.

 Si conduces tú, preocúpate de la comodidad de los pasajeros: asegúrate de si la gente quiere escuchar o no la música, si les molesta el aire acondicionado, la calefacción, la ventanilla bajada o subida...

 Si eres el copiloto, poner los pies en el salpicadero del coche resulta —además de muy peligroso, porque saldríamos disparados como un cohete en caso de choque— muy poco elegante. Aunque parezca *cool*, no estás paseándote por la costa de California en un descapotable, lo siento (bueno, si lees este libro mientras te llevan a darte un baño a las playas de California, quizá podamos hacer una excepción...).

 Si se ofrecen a llevarte a algún lado en coche, evita sugerir continuamente qué carreteras tomar o cómo conducir, a no ser que te lo pidan expresamente.

 ¿Cómo distribuir a la gente en el coche? Si conduces tú, la persona más importante o mayor viaja junto al conductor. Los demás, detrás. Si uno señala que se marea, es conveniente que viaje delante y que el conductor se esmere por conducir con calma.

*Playa*

 El bañador se usa para bañarse en el mar o tomar el sol en la arena. Si te alejas para comer en un chiringuito o dar un paseo por un pueblo, ponte una camiseta o un pareo (las chicas). Solo *Tarzán* y *Jane* tienen permiso para caminar por la selva medio desnudos.

 En la playa hay una ley no escrita: quien busca tranquilidad tiene la preferencia. Correr, jugar al fútbol, lanzarse el disco, mojar a los amigos con agua del mar o pelotear con las raquetas de madera son actividades muy buenas... si no molestan a nadie más. Hay que asumir que, sorprendentemente, a mucha gente le gusta pasar las horas tumbada en la arena sin hacer absolutamente nada. Por eso, es bueno no fastidiarlos con la arena o las salpicaduras de agua. No se trata de "imponer"

nuestros derechos, sino de demostrar nuestra educación.

 Si, sin intención, molestamos a alguien y nos llaman la atención (levantamos arena al pasar, pisamos su toalla, o gritamos demasiado fuerte), pide disculpas. No te estarás *humillando*. Esto exige saber controlar las emociones. No es inteligente afrontar a la otra persona, porque la guerra de orgullos siempre acaba mal. Si nos llaman la atención de modo maleducado, podemos también exigir respeto, siempre de manera templada. P.ej.: El otro: "¡Ay! ¡Me has pisado mientras tomaba el sol! Mira por dónde vas, imbécil"; Tú: "Lo siento mucho, de veras. Pero no me parece razón suficiente para insultarme. Yo le pido disculpas y tendré más cuidado; usted, por favor, sea más educado".

 La música a alto volumen en la playa puede dar dolor de cabeza a otras personas. Ponla si únicamente hay más gente joven (p.ej. de noche).

 A veces parece que en la playa han tomado el sol *Atila* y sus compañeros bárbaros: tras su paso quedan vasos de plástico, botellas de

cerveza, latas de Coca-Cola, colillas de ciga-
rrillo, una sandalia, cáscaras de sandía... Es educado recoger lo que dejas, e incluso algo de lo
que no tiraste tú.

*Cine*

 Para algunas personas, ver una película en
el cine es un momento de descanso. Aunque
vayas con tu grupo, intenta que no parezcáis
una horda de Ostrogodos. Algunas cosas que
debes evitar son: golpear el asiento del que
está delante, entrar y salir continuamente de
la fila, hacerte el graciosillo o la simpática co-
mentando algunas escenas, abrir leeeentamen-
te caramelos o chocolatinas y, por supuesto,
hablar continuamente. Si os aburrís porque la
película es mala, dile a un amigo/a: "Le da-
mos 10 minutos a este psicodrama noruego-
austriaco. Si para entonces sigue siendo un
peñazo, nos vamos, ¿vale?".

 Si alguien te molesta (porque habla, porque tapa la pantalla u otro motivo), conviene
hacérselo notar de manera educada (p.ej. "Perdona, es que con tu voz no logro seguir la
película. ¡Gracias!"; con una frase así lograrás

mucho más que con una expresión del tipo: "¡Cállate de una vez!"). Si aun así siguen hablando, avisa al encargado de la sala.

 Evita usar el teléfono móvil en el cine: la pantalla iluminada de nuestro *smartphone* puede molestar a quienes siguen la película. Si no tenemos más remedio, baja al máximo la luminosidad e intenta agacharte para que la luz moleste lo menos posible.

 Si ya has visto la película, no adviertas a los demás de lo que va a ocurrir (p.ej. "¡Ahora veréis cómo matan a *James Bond*!"). Es verdad que conocer la trama nos hace sentir un poco superiores al resto, pero para quien no la ha visto resulta patético (sobre todo, porque cualquiera sabe que el *Agente 007* no muere nunca...).

*Gimnasio*

 Para practicar cualquier deporte, especialmente si es en equipo, procura llevar la equipación adecuada.

 Evita llevar reloj, anillos, collares u otros objetos que puedan dañar a otros.

 Lleva una pequeña toalla personal. No uses cualquier trapo que encuentres en la sala.

 En el gimnasio no monopolices al instructor si tiene que estar atento a más personas. Asimismo, la alternancia en los aparatos es una norma de respeto. Por lo tanto, cuando acabes tu serie en uno, déjalo libre por si alguien desea usarlo. Si has seleccionado un nivel o un peso específico, procura dejarlo en posición neutra.

 Al entrar en el vestuario es educado dar un saludo genérico a las personas presentes, sin esperar una respuesta.

 No comas en los vestuarios, ni te entretengas largo rato. Es más elegante conversar fuera.

 Si las duchas son compartidas, procura llevarte un bañador. Bañarse desnudo en presencia de otras personas es exponer innecesariamente la propia intimidad. Aunque no nos importe, es una señal de respeto hacia nosotros mismos. Quizá seas el único en hacerlo: no importa. ¡Incluso Tarzán se cubría cuando saltaba de liana en liana por la selva!

# Frases para soltar en una conversación

"Siembra un acto, y cosecharás un hábito; siembra un hábito y cosecharás una costumbre; siembra una costumbre y cosecharás un destino". *Samuel Smiles, escritor escocés.*

"No hay ninguna cosa seria que no pueda decirse con una sonrisa". *Alejandro Casona, escritor español.*

"Procuro ser siempre puntual. Los defectos de una persona se reflejan muy vivamente en la memoria de quien le espera". *Nicolas Boileau, poeta francés.*

"La grandeza de un hombre se mide por cómo trata a quien no puede beneficiarlo en nada". *Ann Landers, periodista estadounidense.*

"Es agradable ser importante, pero es más importante ser agradable". *José Martí, héroe nacional cubano.*

"Cualquier tonto puede criticar, censurar y quejarse, y casi todos lo hacen". *Dale Carnegie, profesor estadounidense.*

"El buen humor es el mejor traje que puede lucirse en sociedad". *William M. Thakeray, escritor inglés.*

"La educación y la cortesía abren todas las puertas". *Thomas Carlyle, pensador escocés.*

"Son orcos. Ninguna otra criatura pisotea el suelo de ese modo. Parece que se deleitaran en romper y aplastar todo lo que crece, aunque no se encuentre en el camino de ellos". *Legolas, elfo de la Tierra Media.*

"Os suplico, sir Caballero, que abandonéis ese lenguaje tan común a juglares vagabundos, pero tan poco apropiado para caballeros y nobles". *Ivanhoe, caballero andante inglés y protagonista de una novela.*

"Cuando el hombre se viste, cubre su cuerpo; cuando lo hace la mujer, descubre su alma", *Carlos Goñi, filósofo.*

"Un corazón valiente y una lengua cortés. Con ambos llegaréis muy lejos en la selva, hombrecillo", *Kaa, la serpiente, hablando con Mowgli, el niño de la selva.*

"Hace tres semanas le extraje una bala a un hombre que había sido herido por un... 'caballero'. La bala estaba en la espalda". *Thomas Mitchell, en La diligencia.*

"El futuro no está preparado. Solo existe el destino que construimos nosotros mismos". *T−800, androide, en Terminator.*

ESTE LIBRO, PUBLICADO POR
EDICIONES RIALP, S.A.,
MANUEL URIBE 13-15, 28033 MADRID,
SE TERMINÓ DE IMPRIMIR EN
ANZOS, S. L., FUENLABRADA (MADRID),
EL DÍA 1 DE FEBRERO DE 2024.